日本とユダヤ
その友好の歴史

ベン・アミー・シロニー
河合一充
［共著］

ミルトス

まえがき

人類の文明に大きく貢献したユダヤ人が長い間迫害されてきた民族であったことは、改めて言うまでもない。実は、日本人とユダヤ人の出会いは、「迫害」が機縁で始まり、そして友好の歴史が築かれた。この事実は、日本にはあまり知られていない。

具体的にいうと、二十世紀の冒頭、極東に進出する大国ロシアと日本が戦争をせざるを得なくなったとき、ユダヤ人銀行家の資金援助によって、日本は戦費の五〇パーセントを調達できて、戦争を勝利できたことである。

なぜ日本に味方したのかというと、ロシアがユダヤ人を迫害していたからである。これは日本とは直接関係のない理由であるが、歴史の不思議さといえる。

これが最初の日本とユダヤの接点であった。

一方、日本人がユダヤ人を助けたのは、杉原ビザで代表される、ユダヤ難民への救援だった。杉原千畝だけではなく、ユダヤ人に救いの手を差し伸べた日本人がいる。これにはドイツのユダヤ人迫害という背景があった。

二十世紀は、世界史のなかでも類のない激動の世紀であった。大きな事件の連続するなかで、日本とユダヤの関係は、ほんの小さなエピソードでしかない。

しかし、欧米の歴史がユダヤ人迫害の汚辱を負っているのに対し、日本はユダヤ人を迫害しなかった唯一の文明国という事実。さらに、両民族の関係は、一言で表現すれば、「助け合い」あるいは「友好」と言える歴史をもった事実。これは、日本人が二十一世紀にまで記憶にとどめるべき誇りではないか。

実際、記憶の民ユダヤ人は、そのことを忘れていないのである。

日露戦争から百年以上を経過しても、なおそれを研究しているのが、海外における日本学の権威、イスラエルのベン・アミー・シロニー教授である。日露戦争における日本の勝利が世界史に重大な影響を及ぼしたことはよく言われるが、ユダヤ人からも感謝されるような歴史的な事件であった。

杉原ビザで救われたユダヤ人は、戦後、杉原氏を二十八年間も探し続けた。彼らは恩を忘れない民である。また、エルサレムのホロコースト記念館ヤッドバシェムは、杉原氏を記念して植樹しているほか、他の日本人のことも恩人として、ゴールデンブックに記載して、記憶している。

本書は、ユダヤ民族そのものの歴史でもなく、宗教・文化の話でもない。政治史でもない。ユダヤ人と日本人の「友好」の物語を、日本人に知ってもらいたいと意図して、隔月刊誌「みるとす」に掲載した記事から、「日本とユダヤ」に光を当てるものを選び、ここに単行本としたものである。

Ⅰ部に、日露戦争を中心にユダヤ人と日本についての、シロニー教授による記事を選んだ。歴史家の目から日本人観を述べているのも、ユニークである。

Ⅱ部には、ユダヤ難民を助けた日本人をテーマに、杉原千畝、樋口季一郎、ＪＴＢの職員、小辻節三などのキーパーソンを紹介した。

Ⅲ部では、ユダヤ民族の郷土を再建しようとしたシオニズム運動について、日本がどのように応答してきたか、日本政府と、キリスト教界の対応を述べた。また、日本とユダヤは同祖だったという「日ユ同祖論」の歴史と真偽について、解説した。

「戦場のピアニスト」の長男であるクリストファー・スピルマン氏は、日本近代史の研究家であるが、満川亀太郎という人物のユダヤ観を紹介する一文を寄せてくれた。満川は、右翼と言われたが、戦前の日本でユダヤを正しく理解した数少ない思想家の一人である。

本書は、戦前までの時期に限った。戦後は、ユダヤ民族はホロコーストの悲劇を経てイスラエル建国を体験した。戦後の日本とユダヤの交流は、別の機会に物語りたい。

日本とユダヤ　その友好の歴史／目次

I　日本を助けたユダヤ人

ベン・アミー・シロニー

1章　日露戦争とユダヤ人

一九〇四年（明治三十七年）二月、日露戦争が勃発すると、ヨーロッパのユダヤ資産家は、ユダヤ人を敵視していた帝政ロシアへの援助を拒否した。この資産家たちの中には、シベリア鉄道へ多額の援助をしたフランスのロスチャイルド卿も含まれていた。ロスチャイルド卿がロシアのために働いたのは、戦争で負傷したロシア人を援助する機関に寄付することにとどまった。

ロシアに対する態度とは対照的に、他のユダヤ人資本家たちはみな日本を援助した。その中でも注目すべきは、ニューヨークのクーン銀行の経営者であるヤコブ・シフである。

日本を援助した銀行家ヤコブ・シフ

一九〇四年四月、シフはロンドンの会食で日本銀行の副総裁だった高橋是清と出会った。

ヤコブ・シフ

高橋は、軍資金調達のためにヨーロッパに来ていた。西洋ではこの戦争で日本が勝つということを信じた国が少なかったため、ヨーロッパやアメリカの銀行が、日本に対する資金貸付や日本の国債を購入することに、二の足を踏んでいた。

高橋はシフに資金調達で苦労していることを話すと、シフは彼を援助しようと心に決めた。シフは帝政ロシアを「人類の敵」と見ており、その考えから自分の銀行をはじめニューヨークのあらゆる銀行を説得し、国債の五〇パーセントの抵当を取り付けてくれた。

その結果、日本はアメリカやヨーロッパから約二億ドルの資金調達に成功し、その資金をもって船や武器、また必要な装備を調えることができた。

ヤコブ・シフ自身、日本の国債を発行することにより、結果的に利益を得ることができた。それは、高橋に援助を約束した時点では考えられなかった結果であった。彼をそこまで駆り立てたものは、ロシアがユダヤ人に対して行なった迫害への復讐心であった。

高橋は日記に、初めはシフが日本に援助したがっている理由が分からなかったが、時が経つにつれ、シフの同胞であるユダヤ人らが、ロシアで受けている圧制や虐待に対して、救いの手を差し伸べたい旨を告白してきた、と記している。

ロシアは、シフが日本に援助したことを許さなかった。一九一一年、ロシアの大蔵大臣はアメリカの報道機関に対して、次のように述べている。

「ロシア政府は、あのユダヤ人シフが我われにもたらしたことを決して許さず、また忘れることはないであろう……彼は一個人でありながら、日本のアメリカからの資金調達を可能にした。彼は、我われに立ち向かった最も危険な人物の一人である」

日露戦争と関わりの深いユダヤ人

日露戦争（一九〇四〜〇五年）は、ユダヤ人が兵士として、また様々な物語の生みの親として大いに関係した、近代における最初の大戦である。（注・国を失ったユダヤ民族は、紀元一三五年のバルコフバ反乱以来、戦闘経験はなかった）

高橋是清

ユダヤ人はシベリア鉄道建設に携わり、戦闘態勢を整えた点でロシアに大きく貢献し、また自らロシア軍兵士として戦った。しかしその一方、戦争でロシアを負かすために日本に援助を送り、日本の勝利を喜んだのもユダヤ人であった。

そして、戦時中に起きた革命の過程とその結末の中で随所に登場し、それと並行して同じ頃、ロシアからパレスチナへ移住するための重要な役割を担ったのも、またロシア系ユダヤ人であった。

シベリア鉄道はロシアの軍事・経済の拡大に大きな弾みをつけ、日本との対立を早める要因となった。この鉄道は、国外から巨額の資金調達によってまかなわれたが、その中の一つがフランスのロスチャイルド銀行である。ロシア政府の奨励により、ユダヤ人事業家はシベリア鉄道沿線に居住した。東地域の開拓につとめ、ロシアの存在を強めるためである。

中国の北東に位置する満州に、ロシアの町ハルピンが建設されたとき、ロシア政府はシベリア鉄道の中国部分と呼ばれる東清鉄道の地域と、その南部に当たる南満州鉄道の付近へ、在ヨーロッパ・ユダヤ人の移住を促した。その場所に「ヨーロッパ人口」を増援するのが目的であった。

一九〇三年、ハルピンのユダヤ人コミュニティーで、請負業や商業に携わったユダヤ人の数は五百人を数えており、その地でもユダヤ人は町の発展に大いに貢献していた。

ロシアの反ユダヤ政策

日露戦争が起きた当時、ロシアではポグロム（ユダヤ人迫害）の嵐が吹き荒れていた。ポグロムは、ロシア政権の奨励と黙認により、押し進められていたのが現状だった。

一八九四年に政権を握った皇帝ニコライ二世は、彼の政権を脅かすほどの民衆の不信感に直面していた。その打開策として、彼は民衆の怒りを「内の敵（ユダヤ人）」と「外の敵（日本人）」に向けようとした。

二十世紀の初頭には、ロシア警察の援助により、『シオンの長老の議定書』という偽書が書き上げられ、世界征服の陰謀をめぐらしているとして、ユダヤ人に罪を着せた。

一九〇三年、過ぎ越しの祭りのとき、ベッサラビアきっての都市であるキシネブにおいて、ユダヤ人に対する暴動が起った。ロシア民衆はユダヤ人の家や店を襲って略奪し、四九名の死者、数百名の負傷者を出す惨事となったのである。その暴動は千五百件にも及んだ。同年夏、ゴメルという町でもポグロムが起こり、八名のユダヤ人が虐殺され、多数の負傷者が出た。

ニコライ二世はユダヤ人を嫌い、ロシアの災難の元凶はユダヤ人にあると見ていたのである。

と同時に、皇帝は日本人も嫌っていた。というのも、彼が一八九一年（明治二十四年）

に訪日した際に命を狙われ、負傷したことがあったためである（大津事件）。当時彼は皇太子で、東方にシベリア鉄道建設の計画が浮上していたときだった。彼は日本人のことを「猿」と呼び、またユダヤ人を蔑称で「ジディヤ（ユダ公）」と呼んでいた。

勇敢なユダヤ兵士

一九〇四年に戦争が勃発したとき、皇帝政権は徴兵を呼びかけた。ロシア帝国で徴兵された五十万の兵士の中には、ユダヤ人も多数いた。一九〇四年の終わりには、約三万三千人のユダヤ人兵士が満州戦線で戦い、その数はロシア兵全体の八パーセントを占めていた。ロシア人全体の中でのユダヤ人口は四パーセントだったので、ユダヤ人徴兵の割合は人口比率の約二倍だった。

ヤヌス・コルチャック

ユダヤ人は、特に軍隊の医療班で活躍した。ロシア軍医療班はそれまでユダヤ人を採用したことはなかったが、首都サンクトペテルブルグにおいて、戦争が勃発したときに召集された百八十人の医師のうち、四分の三に当たる百十人がユダヤ人だった。

医療班に召集された人の中には、ワルシャワ大学の医学生ヘンルイック・ゴールドシュミットがいた。後に彼は改名し、ホロコーストで生徒と死の運命を共にした偉大な教育者ヤヌシュ・コルチャックとして知られるようになる。ロシア軍の医療班には、ユダヤ人の志願看護婦もいた。

戦争におけるユダヤ人の献身的な働きにもかかわらず、ロシア政府は四〇パーセントに近いユダヤ人の若者が徴兵を拒否したとして、ユダヤ人を非難した。

ロシア政権が反ユダヤの政策を進めていたにもかかわらず、ユダヤ人兵士は勇敢に戦った。その働きにより、ユダヤ人に対する「自分勝手で暴利をむさぼる者」といった悪いイメージを払拭し、戦争後にはキリスト教徒と同様の権利を獲得することができる、と信じていたからである。

ヨセフ・トゥルンペルドール

日露戦争において、今日最も有名になったユダヤ人はヨセフ・トゥルンペルドールである。彼は戦争勃発前の一九〇二年、二十二歳でロシア軍に入隊し、東シベリア大隊に志願した。戦争が始まったとき彼は旅順にいて、そこで繰り広げられた数々の激戦に参加した。その戦闘のさなか、彼は日本軍の砲弾により左手を負傷して病院に収容され、そこで負傷した腕を切断した。

左手を失った彼は軍を退役することができたが、彼は再び戦線に戻ることを希望し、右手だけで刀や銃をとり戦線で戦った。この功績によって彼の名は広く知られるようになり、勲章が与えられて第二軍曹に昇格した。一九〇五年一月、旅順の要塞が陥落したとき、トゥルンペルドールは他のロシア兵と共に捕虜となった。

世界中のユダヤ人、日本の勝利を喜ぶ

多数のユダヤ人兵士がロシア軍兵として戦い、戦死したにもかかわらず、世界中のユダヤ人は日本の勝利を望んだ。それは、帝政ロシアの反ユダヤ主義政権を懲らしめたい、との思いからであった。

エルヴィン・フォン・ベルツ

アメリカのユダヤ人の中には、ロシアから移住した者もいたが、彼らは日本を熱狂的に支援した。
一九〇四年二月の戦争勃発に伴い、アトランタ在住のユダヤ人は、日本海軍に軍艦「キシネブ」を寄贈するため、三百万ドルの献金を募った。ただし、結局この軍艦購入は実現しなかったが。

明治天皇のドイツ人侍医エルヴィン・フォン・ベルツは、彼の一九〇四年三月三日付の日記にこう記している。日本在住のアメリカ人外交官が彼に「日本を支持するというアメリカの世論は、報道機関を牛耳って操作しているユダヤ人の陰謀だ」と話したという。ロシア政府も同じ見解だった。しかし、「ジューイッシュ・クロニクル」紙によると、実際はユダヤ人の所有外にあるアメリカの新聞に限って、最も熱狂的に日本への支持を表明していたのである。

日本の陸と海での圧倒的勝利が伝えられると、ユダヤ人たちは喜びに包まれた。その喜びを公表した人々の中に、ナフタリ・ヘルツ・インベルがいる。彼は後のイスラエル国歌となる「ハティクヴァ」を作詞した詩人である。

ナフタリ・ヘルツ・インベル

日露戦争の間、インベルはニューヨークで過ごし、彼が日本勝利の報を聞くと、その勝利を賛美した詩集を発刊した。ヘブライ語、英語、イディッシュ語の詩を含むこの詩集は、一九〇五年にニューヨークで発刊されている。

この詩集は「一八五二年十一月三日にお生まれになった、日本の君主ムツヒトミカド（明治天皇）陛下」に捧げられたものである。この本の扉には、インベルが明治天皇に献上した手紙が転載されており、その手紙の中で、彼はキシネブでの暴動に直面したとき、「陛下の軍が、ロシアを罰してくださる」ことを予言した、と記している。

トーゴー君と命名

日本の勝利の結果、自分の息子たちを日本人の将軍や海軍大将の名前で呼ぶのが、ユダヤ人の間で流行した。

これは同じ頃、ユダヤ人がヘルツェルという名前を多く付けたのに似ている。その中の一人で、一九〇五年五月、対馬海峡における日本海海戦勝利の日、エジプトのミズラヒ一家に生まれた子に、両親はトーゴーという名を与えた。言うまでもなく日本海海戦の英雄、東郷元帥の名前からとられたのである。

東郷平八郎

当時、エジプトはヨーロッパの帝国主義に勝利したアジア最初の国、日本に対して好感を抱いていた。トーゴー君は成長して、一九二〇年代の後半にはエジプトで演劇界の先駆者となり、数々の映画の制作者、演出家、出演者として活躍した。

一九二八年、彼がアレクサンドリアに建てたスタジオは、今日に至るまで「トーゴー・スタジオ」として親しまれている。

日本への資金援助の始まり

日清戦争（一八九四〜九五年）のときには、フランスのユダヤ人銀行家アルベル・カーンは、日本政府に資金援助をしていた。

日本の文化を崇拝していたカーンは、一八九八年、フランスで初めての日本庭園をパリ郊外のボロン森に造るため、日本の庭師をフランスに連れてきた。一九〇七年、彼は日本の若者のために奨学金制度を作り、優秀な日本人を西洋で学ばせる機会を設けた。この奨学金を最初に受けたのは、東大生の姉崎正治であった。彼は日本の優れた宗教研究家の一人となった。一九〇九年、カーンは日本を訪問し、明治天皇へ拝謁の機会を得た。

銀行家ヤコブ・シフへの感謝

さて、日本はヤコブ・シフの援助に対して、感謝は尽きなかった。

日露戦争が終わった後の一九〇六年（明治三十九年）春、彼が妻と共に日本を訪問した際には、明治天皇は皇居で彼を厚くもてなし、日出ずる国の勲章（勲二等旭日章）を彼に与えた。外国人がこの勲章を受けたのは初めてのことだった。

明治天皇が彼のために開いた晩餐会では、シフは外交儀礼をはみ出して天皇のために祝杯を挙げ、「戦争の先頭に立ち、平和の先頭に立ち、民の心の先頭に立つお方」とジョージ・ワシントンになぞらえた。

日本のたくさんの要人が、シフに感謝するために、盛んにもてなしをした。

日本銀行は彼のために歓迎会を設け、政治家で早稲田大学総長の大隈重信、東京都知事の尾崎行雄、第一銀行頭取の渋沢栄一らと同じテーブルで会食した。

彼が東京に滞在中に、シフ自ら過ぎ越しの晩餐をホテルで催し、日本赤十字に献金した。

シフは妻とアメリカに帰国する際、高橋是清の娘で十五歳の和喜子《わきこ》を一緒に連れて帰り、ニューヨークの彼らの家で三年間留学の機会を提供した。

シフは東京都のためにも、アメリカで都債を発行するなどして援助し、これが都市が海外で発行する初めての債券となった。

それにもかかわらず、シフは満州におけるアメリカ会社の権利の獲得に成功しなかった。そこでは日本とロシアが商業利権を分け合っていた。

多くの日本人は、シフのユダヤ教に理解を示し、またポグロム（ユダヤ人迫害）に関する知識もあった。

共産主義指導者の片山潜は、アメリカに滞在中の一九〇四年、アメリカの新聞に投稿した。「私はこの戦争には反対であるが、私は日本人として、ロシアのようなキシネブでユダヤ人に対して行なったような野蛮な国に、我が国が滅ぼされてほしくはない」と。

それに対して、ユダヤ人の日本に対する好感的な態度は、反ユダヤ主義のヨーロッパにロシアを支持するという反動を与えた。カトリックの反ユダヤ新聞「*Deutsche Zeitung*」紙は、一九〇四年三月の新聞に、ユダヤ人が日本の勝利によって国際情勢が改善されることを望んでいるため、反ユダヤ主義者はロシアを支持し、ユダヤ人に対して強硬な態度で望み、彼らにキリスト教徒と同じ権利を得させないようにせねばならない、と記している。

シオニズム運動へ理解を示す日本人

一九〇四年十月七日、「*Jewish World*」紙は、ユダヤ人使節団が在ワシントン日本大使と会合し、ユダヤ人捕虜に対する取り扱いを改善するように求めたことを伝えた。大使は「日本はユダヤ人捕虜に対し、最高の友情をもって接する」と答えた。

戦後、日本には約千八百人のユダヤ人捕虜がいたが、これは七万五千のロシア人捕虜の二パーセントを占めていた。南の港町、長崎のユダヤ人コミュニティーは日本最大のコミュニティーだったが、ロシア出身のユダヤ人が約百家族おり、町の近くに収容されているユダヤ人捕虜のために、宗教必需品を供給してもよいという許可を得た。

日露戦争当時、日本に現存する唯一のシナゴーグだった長崎のシナゴーグでは、日本の勝利と明治天皇の弥栄《いやさか》を願って、祈りが捧げられていた。町のユダヤ人は、日本の赤十字に献金をした。

旅順陥落に伴って捕虜となったヨセフ・トゥルンペルドールは、大阪の近くにある浜寺の捕虜収容所に約一年間収容された。

日本の捕虜収容所での
トゥルンペルドール

ロシア人捕虜に対する日本人の扱いはきちんとしており、ロシア帝国の傘下にあった少数民族で捕虜になっている者に対しては、独立を勝ち取るよう励ました。トゥルンペルドールにも同様だった。

彼は捕虜収容所の中で百二十五名からなる「日本で捕虜になっているシオンの子ら」というシオニズム連合結成を許可され、青と白の運動旗を振り、ヘブライ語を学ぶためのサークルを作り、ロシア語で週刊の「ユダヤ人の生活」という会報を作り、アメリカのシオニズム連盟のリーダーたちと手紙のやり取りをし、シオニズム運動のメンバーとなった。

一九〇五年、日露講和条約が結ばれると、ユダヤ人捕虜の中からアイゲルというドクターが、東京大学の医師連合の名誉会員に選ばれた。

捕虜が釈放されたとき、ロシアへ帰還するのを拒み、日本に残留したいとの願いを出したユダヤ人捕虜もいた。彼らはその願いを許可され、長崎のユダヤ人コミュニティーに合流した。

一九〇六年、トゥルンペルドールがロシアに帰ったとき、彼はそこで英雄として迎え入れられた。彼は将校に昇格し、ロシア軍初のユダヤ人将校の一人となった。

日露戦争において日本は、ロシアに存在する少数民族の独立運動に興味をもった。その中のシオニズム運動も例外ではなかった。

一九〇五年五月、早稲田大学のヨーロッパ歴史学者、煙山《けむやま》専太郎は、月刊「中央公論」

にシオニズム運動に関する記事を掲載した。彼はロシアで起こったユダヤ人に対するポグロムや、それに対する解決案として始まったシオニズム運動のことを紹介した。

「反ユダヤ主義」「シオニズム」といった言葉が日本で初めて使用されたため、これらの言葉は外来語で「アンチ・セシチズムとジオニズム」と表記された。同誌の七月号に、その記事の後半部分が掲載されたとき、前半の記事の中で誤植があったことを詫びて、「アンチ・セミチムズム（そのまま）とジオニズム」に訂正された。これが多分、日本でこの問題が取り上げられた最初であろう。

徳富蘆花の「順礼紀行」

一九〇七年（明治四十年）、イスラエルへの旅行記が初めて日本語で出版された。著者は作家・評論家の徳富蘆花（健次郎）だった。

（**注**・実は、日本人による最初のイスラエル旅行記が、これより一年前に出版されていた。山田寅之助著「埃及《エジプト》・聖地旅行談」一九〇六年、教文館発行。徳富は旅行前に、山田を訪ねて、体験談を参考に聞いている）

徳富蘆花は尊敬するロシア人作家、レオ・トルストイを訪ねたが、ロシアへ行く途中、南回りの海路を取り、エジプトとイスラエルを訪れた。一九〇六年四月、彼はエジプトか

徳富蘆花

ら船でヤッフォへ渡り、四カ月間エルサレム、死海、ガリラヤ湖とその周辺を観光し、絵を描いたり写真を撮ったりした。十月にはハイファからイスタンブールへ船で渡った。

日本へ帰国してから徳富蘆花は『順礼紀行』を出版した。彼はイスラエルの景色や遺跡などに深い感銘を受けた一方、人々の貧しい様子や発展していない町の様子に落胆した。彼が描写したエキゾチックな風景の中には、西の壁で祈っている髭《ひげ》を蓄えたユダヤ人の姿があった。イスラエルの地は、アジアの貧しい発展途上の一部であり（彼はヤッフォからエルサレムまで汽車を使ったが、七十キロのその距離に四時間かかった）、日本はすでに先進国の仲間入りを始めた頃であった。

徳富はユダヤ人と日本の日露戦争の勝利を結びつけなかったが、彼が出会ったトルストイはロシア崩壊の原因として、ユダヤ人と日本人を挙げていた。

在ロシア・ユダヤ人への暴動

さて、戦争に参加・協力することがロシア国民としての地位改善につながる、と考えていたロシアのユダヤ人の希望は、間違いであるということがはっきりした。

ロシアが被った敗北の原因がユダヤ人に仕向けられたのだ。ユダヤ人は再び「贖罪の雄山羊」となった。彼らは「国家と皇帝への背信」という理由で、無実の罪を着せられた。政府は「愛国組合」を形成してユダヤ人の影響を阻止した。

その中でも際立っていた組織は、ごろつきで構成された「黒い百人団」で、政府の援助でユダヤ人への悪巧みの活動をしていた。

一九〇四年の秋、戦場に向かう召集兵たちが途中の町々でユダヤ人を襲い、その場にいた野次馬もその手助けをした。一九〇五年五月、ウクライナのジトミールでポグロムが発生、ユダヤ人二十五名が殺害され、助けようとした十名の若者も犠牲となった。

しかし、群衆の失望をユダヤ人に向けることによって、革命を防ごうとしたロシア政府のもくろみは失敗に終わった。

軍の敗退の結果、一九〇五年には革命が起こり、労働者階級や中流階級を巻き込んで広がっていった。同年十月には、皇帝は国民の解放と選出国会の創設を宣言せざるを得なくなった。

これに対する反応として、ユダヤ人たちを悪者にしていた保守派の人間が、王国や教会の幹部に対するデモを行なった。その一カ月後の一九〇五年十一月、オデッサ、キエフ、キシネブといった数百の町々でポグロムが発生し、八百名のユダヤ人が虐殺された。一九〇六年の夏、ビアリストックやシャイデルツァで暴動が起こり、百十名のユダヤ人が犠牲となった。

これらのポグロムはユダヤ人に大きな衝撃をもたらした。多くのユダヤ人は、政府が自分たちを守ってはくれず、自分たちのことは自分たちで守らないといけないということに気がついた。すべての町で自衛団が発足した。

革命運動に参加する者

他の者は、革命だけが自分たちの解放と平等を与えてくれると考え、革命運動に参加した。一九〇五年、サンクトペテルブルグに設立された革命ソビエトは、ユダヤ人革命家レブ・ブロンシュタインによって運営された。のちに彼はレオ・トロツキーの名で知られている。

ソビエトでの他の革命指導者は、社会民主主義正統のメンシェビキ派の長ユリ・ツェデルバウムで、彼はユリウス・マルトーブの名で知られている。（ロシアでヘブライ語新聞の開拓者で、週刊誌「ハメリツ」の創始者であるアレクサンデル・ツェデルバウムの孫でもある）

日本の政府は、ロシアにおける社会主義者や無政府主義者の運動を促進し、それによって復讐戦争を防ごうとした。ヤコブ・シフの資金援助によりとられた秘密の作戦で、日本のロシア人捕虜に、アメリカのロシア人共産主義組織によって出版された革命的な思想が書かれた本や冊子が配られた。

海外移住とイスラエル帰還

これらの暴動に対する在ロシア・ユダヤ人の他の反応は、海を越えて移住することだった。暴動が起きた一九〇五年半ばから一九〇六年半ばまでで、二十万人のユダヤ人がロシアの地を後にした。

これはどの年よりも多い移民数である。多くはアメリカに渡り、カナダやアルゼンチン、イスラエルの地に行った者もいた。

その中の約三千五百人は開拓者としてイスラエルへ帰還し、これが後に第二次アリヤー（帰還運動）と呼ばれた。彼らは革命思想をもった者たちで各地にキブツを興し、労働者政党を作り、バル・ギオラやハショメルといった自衛団を形成した。

日露戦争勃発時の一九〇四年から、第一次世界大戦が始まる一九一四年までで、約四万人のロシア系ユダヤ人が第二次アリヤーで帰還したが、イスラエルにとどまったのはその中の一部であった。

この帰還者の中の一人に、一九一二年に帰還したヨセフ・トゥルンペルドールがいた。彼は日露戦争の後、第一次世界大戦時には副司令官としてエレッツ・イスラエル旅団を指揮し、英国軍としてトルコのガリポリ半島で戦った。この戦いで、イギリスはトルコ軍に大敗を喫し、トゥルンペルドールはロンドンに渡って、ユダヤ旅団結成のために活動した。

北イスラエルの開拓村「テル・ハイ」の風景

一九一七年、ロシアのボルシェビキ革命（レーニン派）にともない、彼はロシアに帰ってユダヤ人兵運動組織で活動し、ユダヤ人コミュニティーの自衛活動をした。

一九一九年、彼は再びイスラエルに戻り、ガリラヤ地方の自衛に従事する。一九二〇年、開拓村テル・ハイの攻防でトゥルンペルドールは倒れ、四十歳で死亡した。

日本との戦い、トルコとの戦い、アラブ人との戦いにより、トゥルンペルドールは戦うユダヤ人軍人の新しい典型をつくった。日本において長い間の理想となったこの典型は、日露戦争後、ユダヤの国民運動を通して受け継がれてきたのである。

2章　「日露戦争と二十世紀」シンポジウムの意義

——もっと研究され、もっと記憶されるべきだ

【編注】開戦百年目の年に、「日露戦争と二十世紀」シンポジウムが、二〇〇四年二月八日より十三日まで、イスラエルのヘブライ、ハイファ両大学で開催された。主催者であるシロニー教授に、開催の理由を述べてもらった。

日ユの関係と世界の称賛

私は、長い間、日露戦争には興味をもっていました。日露戦争をテーマとしたシンポジウムをすでに三回、ヘブライ大学でしました。

なぜイスラエルにおいてかといいますと、まずこの日露戦争を経て、ユダヤと日本の関係がより強く、より近いものとなったからです。イスラエル開拓の勇士ヨセフ・トゥル

ンペルドールは日露戦争で日本の捕虜となり、捕虜収容所で過ごし、またイスラエル国歌「ハティクヴァ」の作詞をした詩人ナフタリ・ヘルツ・インベルは、日露戦争の日本勝利を喜び、明治天皇に賛歌をささげました。日本側も銀行家ヤコブ・シフに感謝しました。

日露戦争が、お互いを認識し、尊敬する原点となったのだと思うのです。

二つ目には、当時、日本側の攻撃を世界は称賛しました。相手のロシアは、ヨーロッパで民主化が進んでいく中で、独裁主義の政権、帝政ロシアという古い体制を崩さずにおりました。その点、日本は明治維新を通し、民主的でモダンな社会ができていて、より発展した社会をもち、世界はそれをサポートしたのです。

日本の場合は、西洋に立ち向かっていくために近代主義を必要としました。ですから、保守的な帝政ロシアと明治日本とを比べると、日本のほうがはるかに西洋的だったのです。政治体制を比べても日本には帝国議会（国会）がありましたが、ロシアにはそれに相当するものはありませんでした。また、日本には憲法がありました。まだ完全な民主主義ではなかったけれども、言論、宗教の自由がありました。

このような観点で見ますと、日露戦争は、東洋と西洋の戦争であったけれども、実際は日本が西洋でロシアが東洋だったのです。

とりわけ、教育に関しての両国の差は目立っていました。日本の軍隊では識字率は非常に高いのに対して、ロシア兵の多くは読み書きができませんでした。教育は国家意識に大変影響します。ですから、日本側は一人一人の日本人であるという意識、つまり国家意識が強かったのです。

ロシア側は、ポーランドやチェチェンなどが組み込まれた多民族国家でしたので、寄せ集めの軍隊で共通の意識が薄かったのです。

日本の捕虜収容所でヨセフ・トゥルンペルドールは教室をつくりましたが、それはヘブライ語の教室とロシア語の教室でした。おかしな話ですが、ロシア兵たちにロシア語を教えていたのです。ロシア語ができない兵士が多かったわけです。ですから、国家意識が低く、何のために戦っているのか分からない。ですから、負けましたね。

最後の紳士的戦争

日露戦争は戦闘の規模においては最初の近代戦争でした。奉天会戦では、百五十キロの戦線にわたり三十二万のロシア軍、二十五万の日本軍が戦場で戦いました。それまでの人類の歴史になかった規模です。

また、紳士的な戦争でした。「水師営《すいしえい》の会見」の唱歌にあるように、旅順の会見にも表れていますね。しかも、世界で最後の紳士的な戦争だったと思います。ヨーロッパでも第

一、第二次大戦などは紳士的でありませんでした。旅順の降伏において、乃木将軍とステッセル（ロシア側の旅順要塞司令官）が会見したような、敵同士だった将軍がお互いに称え合う場面はありませんでした。

世界的出来事の原点

二十世紀に起きた世界的な出来事の原点がこの日露戦争にあると私は思うのです。中国の革命も、当時日本に留学していた孫文などが日本の勝利からインスピレーションを受け、その半年後独立運動を起こし、辛亥革命へとつながったわけです。インドの独立運動も同じですね。このようなアジア解放運動の進展も日露戦争での日本の勝利によるのです。ですから当時、アジアの中で日本へのイメージは良いものでした。

乃木希典将軍

一方、日本とアメリカとの関係にも影響しましたが、アメリカもだんだんと力をつけた日本の存在が邪魔になり、日本を一番の仮想敵国としました。そこから大東亜戦争につながっていきました。

ロシアは日露戦争に敗れて、アジアへの侵攻が失敗してしまった故に、進出の目標をバルカン半島に移しました。

オーストリア・ハンガリー帝国に対抗する小国セルビアを支援して、第一次世界大戦の原因となりました。もしロシアが負けていなければ、バルカン半島にそれほど干渉しなかったはずです。

ロシア革命は、日露戦争がなければ起きませんでしたね。

ロシアが負けたことはユダヤ人の歴史にも大きな影響を及ぼしています。敗戦後のロシアに革命の動きが出始めます。ロシア政府は民衆の不満をそらすために反ユダヤ主義政策を進めました。それで、ユダヤ人に対するポグロム（虐殺）が激しくなったのです。

このような迫害の中から、シオン帰還というシオニズム運動の目覚めにつながってきたわけです。当時は、第二次アリヤー（帰還）の時期でしたが、帰ってきた人たちの中には、ダビッド・ベングリオン、ラビ・クックなど、イスラエル建国に携わった多くの指導者が含まれていました。

日露戦争での日本の勝利がシオニズム運動に強く関係していることを見ると、イスラエルで「日露戦争シンポジウム」を開催する意義があります。それのみか、二十世紀の日本とアジア、世界を理解する上に、日露戦争は非常に意味があり、もっと研究され、もっと記憶されるべきだと思うのです。

3章　誤解だらけ、日本人のイスラエル理解

――シロニー教授と滝川義人氏に聞く

【編注】この対談は、台風二一号が関東に接近中の二〇〇五年十月九日に行なわれた。来日中のシロニー教授と滝川義人氏とで、「日本人がイスラエル・パレスチナ紛争をどう理解したらよいのか」をテーマに語られたが、イスラエル人の日本人観や歴史観を知るヒントが含まれていて、興味深いので、掲載した。（司会は河合が担当）

滝川義人氏は、現在、中東軍事紛争研究家で、元在日イスラエル大使館広報室勤務。

イスラエルの国のイメージ

――日本人はイスラエルについていろいろの誤解がありますが、どう思われますか。

シロニー　驚くべき最初の誤解は、イスラエル国家を、西欧の対アジア侵略の、つまり帝

国主義の一部だと見るイメージが、日本でとても強いことですね。

なぜかというと、日本は戦前、西欧の帝国主義と戦った一方で、アジア大陸を侵略したという加害者意識がありますから、侵略ということに非常にセンシティブ（神経質）です。だから両方の意味でイスラエルをそう見ています。

イスラエルは、戦前自分たちがアジアでやったことと同じじゃないか、という見方です。パレスチナ側に味方してイスラエルを非難する人が少なくない。イスラエルはアメリカやイギリスなど西欧の侵略の一部だから、日本人は前と同じように西欧の侵略主義と戦わねばならない、と。

しかし、実際は、イスラエルの国ができたのは、西欧の侵略主義や帝国主義の結果ではありません。その一部ですらありません。シオニズム運動はユダヤ人の中で始まったのです。ユダヤ人は、自分の国から追い出されて長い間経ちましたが、自分の国に帰ろうと願い続けてきました。それは古い伝統です。

シオニズム運動に影響を与えたものがあるとすれば、それは十九世紀に始まった民族主義、ナショナリズムです。たとえば、ポーランド人も自分たちの国を持てなかったため、国を持とうという運動が盛んになりました。

西欧の帝国主義は他民族を利用して自分の利益を図る。しかし、ユダヤ人のシオニズムには他民族を利用する思想はなかった。根本的には、アラブ人と協力して自分の国を創る思想です。今もそうです。

戦争後の結論が日本人とユダヤ人とで違う

——ホロコーストについて、日本人はどう受け止めていますか？

滝川　私は日常の接触で感じていたのですが、日本の子供たちがアンネ・フランクやホロコーストの展示会に行って、感想文を記帳しているのを見るんです。そうすると、「この展示会を見て、戦争はいけない、とつくづく感じた」などと書いています。戦争と、人種差別の帰結としてのホロコーストを一緒にしている。多分、学校の先生が混同して、そう教えているのではないか。

戦争の中でユダヤ人がひどい目にあった、だから戦争はいけない、という考え方です。知識人は、イスラエルについて「迫害された人たちが、今は迫害している」という言い方をします。この間、『ホロコースト記を読む』というタイトルで、日本の女性がホロコーストの体験の記録を読んで自分の感想を書いている本を読みました。これも同じで、ユダヤ人はこういう風に苦しんだ、しかし今は逆の事をやっているという。紛争の背景を深く考えていない証拠ですが、日本の社会にそういう見方が強いと思います。

ベン・アミー・シロニー教授

シロニー　そう、強いですね。ユダヤ人と日本人では第二次世界大戦に対して、あるいはホロコーストに対して、見方というか結論が、だいぶ違いますね。

日本人の結論は、「戦争はいけない」。戦争は悪かったから、日本は被害者になったから、これからは戦争はいけない、ということでしょ。

ユダヤ人の見方は、戦争で被害者になったのは私たちが弱かったからだ。もし自分たちの国があったら、ホロコーストはなかった。そして、これからは弱い国にならない。強い国になれば自分たちを守ることができます。ですから、自衛が一番大事なことです。国家が必要、自衛が必要、国家意識が必要だ。だから、日本とは正反対の結論でしょ。

滝川　そのとおりです。ユダヤ史や中東を専門とする知識人は、現代のイスラエルを拒否します。なぜかというと、現代のイスラエルは「自分は生きる権利がある」と自分を主張しているからですね。

シロニー　アメリカの見方を見ると、イスラエルに近い。日本と違います。

アメリカの第二次大戦の結論が、原因が戦争ではなくて、ドイツの侵略だ、だから二度とそういう侵略は許さない。だから、強い軍隊が必要、核兵器も必要。侵略を防ぐために。しかし、日本人の見方は、戦争は台風みたい！　戦争は悪いことだから、これからはもうしない、と。そう思えば、もう起こらないと思ってします。でも、戦争は台風ではない。

日本的性格から生じる偏見

——なぜそういう風に日本人は考えるのでしょうか。

シロニー　歴史を振り返ると、日本は長い間、海外との戦争がなかった、日清戦争まで。もちろん、国内の戦争は何回かあったけれど、少なかった。最近では関ヶ原の合戦後の大坂夏の陣から明治維新の戊辰戦争まで、戦《いくさ》はなかった。静かで平和な国でしたね。しかし、台風や地震は多かった。悪いことは、台風や地震という形でやって来た。その場合、誰が悪いか、誰が良いかは考えない。自然現象として悪かっただけです。戦争は終わった。もう考える必要はない。台風の責任はだれでしょう？　そんなことは考えないのと同じですね。戦争に対する日本の立場は、自然に対するのと同じです。

滝川義人氏

ユダヤ人は、ホロコーストはドイツ人の責任だと思う。一方、アメリカの原爆に対する日本人の見方は、正反対ですね。日本の教科書には「原爆投下」と、空から落ちてきたみたいに書いてあって、誰が投下したかはあまり関係はない。「原爆は悪かった」「核兵器が悪かった」というけれど、誰が責任なのかは問題にしない。アメリカへの憎しみがないですね。

——そういう見方は、日本民族の性格でしょうね。

シロニー　そうです。日本の島国という環境によるのでしょう。それと、仏教の影響によるとも言えます。人が死んだとき、皆、平等ですね。生前に罪を犯しても、死んだらもう過去は問わない。皆、ホトケです。靖国神社に戦犯といわれた人が祀《まつ》られても、皆と同じ、大丈夫。

——日本人はそのような見方で、イスラエルやパレスチナ問題を見ているので、理解がおかしくなるのでしょうか。

シロニー　イスラエルとパレスチナで戦争がある。戦争をやる人が悪い。戦車や飛行機を使うのは悪いことだ。使い方が正しいかどうかは、関係ない。そんなことは考えない。それで、テレビを見ると、イスラエルの軍隊が戦車や戦闘機を持っている。強く見えます。その一方、パレスチナ人は、小さい武器か石を投げるしかない。そんなに悪く見えない。そのため、イスラエルは悪い。武力を使いますから、戦争をしますから、悪い。

滝川　イスラエルは独立の苦闘があったわけですが、立派に成長して強くなると、途端に皆が加害者扱いをするようになりました。事件があって、テレビにイスラエルの戦車が画面に出たり、ヘリコプターが飛んでいたりする。一方、パレスチナ人が石を投げている。そんな放映のあった翌日になると、外交機関に抗議の電話がかかってくるんです。背景は全然考えないで、テレビの画面だけで判断するんですね。そのテレビや新聞も「暴力の応酬」という表現で片付けてしまう。

シロニー　「自爆」のことでも、日本の特攻隊とは随分違いますけれど、自分の命を犠牲にして敵を殺す、ちょっと似ているところがあります。日本の伝統的な考え方からは立派なこと。この見方も問題ですね。特攻隊は、敵の軍隊を襲った。パレスチナの自爆テロのように、民間人を殺さなかった。これは大きな違いです。特攻隊は国のために死んだ。

滝川　右翼の人は、パレスチナは自分の身を犠牲にして戦っている。立派な行為だ、というので、パレスチナを賛美している。左翼の人は、イスラエルがパレスチナの土地を奪って、帝国主義の行為を今もやっている、といって、非難します。どちらに転んでも日本ではイスラエルは非難されます。

——外務省の高官だった人が、「強い側が弱い側に譲歩すれば、問題は解決する」という趣旨のことを語っていました。なぜ強い国、イスラエルが妥協しないのか、という考え方が日本人にあるようです。

滝川　日本の識者やマスメディアは昔からそう言ってきました。「イスラエルがＰＬＯを認めれば、平和になる。なぜＰＬＯを認めないのか！」。オスロ合意で、ＰＬＯを認めた後でも、テロはやまなかった。「パレスチナ人の国家を認めれば、平和になる」。しかし、イスラエルが、平和共存を認め、パレスチナ国家のできることを認めても、今もってテロは止まない。日本の識者らの理解の仕方は根本的に間違っていると思います。

それは、パレスチナ人が自分の国を創ろうという努力でなく、イスラエルを倒そうという方に努力している点に、原因があると私は思うのです。ユダヤ人は国を創ろうとやってきた。アラブ人を倒そうではなかった。国を創るための仕事をやって来た。だから、国ができた。

現在、国際社会の支援は、パレスチナに向かって与えています。パレスチナはけっして弱い立場ではない。

シロニー　日本に「判官贔屓《ほうがんびいき》」という言葉がありますね。そんな見方で、「弱い」パレスチナを応援している日本人がいます。しかし、実際にはユダヤ人は世界中に散っていて、人口も少ない。イスラエルも小さい国です。人口も土地も。石油などの資源がない。それでも、自分たちで軍隊をつくり、防衛しなければならない。これは強すぎるという状況ではないです。

イスラエルとアメリカの関係

――日本人は、ユダヤ人が世界を支配しているというようなイメージがありますね。

シロニー　ユダヤ人は、実際は強くない。弱いですから、生きるために、学問的なことや教育に努力します。いつもユダヤ人には危険がある。前はドイツのホロコースト。今はアメリカの影響があるが、これからどうなるかは誰も知らない。

――アメリカがずっと助けてくれるかどうか分からないという意味ですか。

シロニー　そうです。アメリカの政権が変わったら、そして反ユダヤの運動が起きたら、今と反対となる事が出てきます。イスラエルは、アメリカの人形ではないです。現在は、アメリカの援助を受けていますけれど。前はイギリスの援助があった。しかし、反シオニズムに変わった。アメリカにそういうことが起こる可能性がないとは言えません。ユダヤ人は、第二のホロコーストが起きないように、自分の国家を自分の力で守る、というのが基本的な考え方です。

――アメリカの政府をユダヤ人が牛耳っている、と見ている人もいますが。

シロニー　とんでもない。アメリカがイスラエルを支持する理由は、アメリカのユダヤ人の影響ではない。少しは彼らの働きは役に立ちますけれど、イスラエルを支援するのは、それがアメリカの中東での国益に合致するからです。

「占領」という誤解

――日本人は、イスラエルがパレスチナの土地を占領している、という非難をします。

シロニー　これも大きな誤解の一つです。確かに「占領」に対して戦うというのは、正しいことです。大戦中に、ドイツがフランスを、ポーランドを占領した。それで、フランス人やポーランド人がレジスタンス（抵抗運動）で戦った。

ここで、パレスチナの場合、占領の意味が違いますね。イスラエルは何という国を占領したのでしょうか。「パレスチナ」という国はなかった。歴史的に、地上になかった。イスラエルはこの土地をどこから取ったか？　一部はエジプトから、一部はヨルダンから。つまり、以前はエジプトやヨルダンが土地を占領していた。その前はイギリスが占領していた。その前は、トルコが……ずっと、アブラハム以来、いつもどこかの国が占領してきた。

イスラエルは、西岸やガザにパレスチナ国家が誕生することを賛成したんです。右派のリクード党も賛成した。仕方がないから、やむを得ず、妥協した。信じられないことです。そしてPLOとの協定が結ばれた。イスラエルの軍隊が撤退した。パレスチナの国（自治区）ができたでしょう。

ところが、新たにテロが起きたためにイスラエルは軍隊をパレスチナ自治区に送った。これは本当の占領です。前は、軍隊がいなかった。それが続けば平和共存ができました。シャロン首相は、ガザから撤退を決めました。どうしてパレスチナ人は待たないのでしょうか。撤退した後は、自分たちの国を持つことができます。それなのに、テロをする。

滝川　彼らは自分の国を創ろうという意思よりも、イスラエルをやっつけようという意思が強すぎる。建国の条件を自ら放棄しています。

シロニー　ガザはまだ小さすぎるでしょう。でも、イスラエルも、国連が分割案を決めたとき、ベングリオンは、イスラエルは小さくても大丈夫と、独立を決めました。アラブのやり方は反対です。

滝川　独立よりもイスラエル打倒ですね。

――ガザ撤退には、イスラエル国民の中にも反対がありますね。

シロニー　もちろん、激しい反対運動があります。だから、シャロンは勇気があるでしょ。自分の政党の中で反対勢力があっても、決めました。国のために仕方がない。シャロンは右派で、タカ派でしょ。それでも、シャロンは暗殺の危険がありますよ。ラビンの時のようにね。

滝川　イスラエルは民主主義国家ですから、いろいろな意見が出てきます。だから、何かをするとき、反対する人は必ず出てくる。それでも国民の合意が成り立ち、それでやってきたわけですから。

「壁」についての誤解

――イスラエルの評判をさらに悪くしているものに、パレスチナ自治区との間に立てられている「壁」があります。

滝川　「壁」というと、英語の wall を連想しますが、コンクリート製の壁は全体の一〇パーセントにも足りません。大部分はフェンスです。テロリストが侵入するのを防ぐための、防御用の金網です。

シロニー　「壁」というと、ベルリンの壁を思い出させます。悪いイメージがついてまわります。ベルリンの壁は、共産主義の東ドイツが自分の国民を隔離するためにありました。イスラエルは、テロリストの侵入を防ぐためです。中国の「万里の長城」は長い間、役に立ちました。日本も蒙古の襲撃が終わって、その後、九州の博多の海岸に壁を造りましたね。同じ考え方です。

滝川　博多の沿岸内奥には、もっと昔の壁が残っています。水城《みずき》といって、七世紀に、朝鮮半島からの敵襲を警戒した時のものです。サウジはイェーメン国境に現在、壁を建設中です。

――日本には、その説明なら理解できるかも知れませんね。実際にフェンスは役に立っていますか。

シロニー　もちろん。テロ事件が激減しました。しかし、万能ではありません。壁を越えてロケット弾を送ることも、トンネルを掘ることもできます。家の鍵を閉めても、泥棒はいろいろ工夫して入ろうとするでしょ。でも、鍵は大したものです。

滝川　フェンスについては、ＮＨＫが最初、繰り返して放映した場面があります。エルサレム付近のコンクリートの高い壁ですが、そのごく一部から日本人は判断します。高くしたのは、テロリストに銃によって狙撃されたりしないためです。あれが延々続いているわけではない。まず、批判する人は、現地に行って、全部を見てから批判してほしい。

テレビの報道でよく言われる常套句は、「自爆テロがあった。イスラエルの報復が予期されます」とか「これで暴力の応酬がくる」とか言います。報道の仕方に問題がありますね。国際法で認められるイスラエルの自衛を、暴力というのですか。

ガザにイスラエル軍が入ったとき、国連の安保理で、「イスラエル非難決議案」が出されましたが、パレスチナ側から何百発とカサム・ロケット弾を打ち込んでいる事実をのけて、イスラエルのみを非難するのは的はずれです。

シロニー　もしテロが終わったら、フェンスを取り除くのは、簡単です。第一、あれはきれいでない。

滝川　オスロ合意の前から、西岸やガザから多くのパレスチナ人がイスラエルに働きに来ていた。しかも勝手にグリーンライン（境界線）を越えて。また、職業紹介所を通さないで働いたものです。テロが起きたから、イスラエルは自衛上フェンスをつくらざるを得なかった。

シロニー　やむを得ずした。テロの結果です。これはイスラエルの希望じゃないです。自衛のためです。他の国でも、壁でなくてもテロ対策はいろいろあります。アメリカに入るとき、厳しいチェックがある。入国は壁のような難しさがある。これも壁と同じではないですか。

テロの原因についての誤解

シロニー　日本人の誤解の一つに、「テロは貧しさの結果」というのがあります。アラブは貧しいから、テロを行なう――これは間違いです。九・一一の犯人は皆豊かな家庭から出ている。ビンラディンは貧しくない。大資本家です。アルカイダは、豊富な金を持っている。それを福祉の代わりにテロに使います。

滝川　スペインのマドリッドで起きたテロ事件の犯人は、奨学金をもらっていた学生です。生活は豊かでした。

シロニー　アラブ全体をおしなべて、貧しいと言うのはどうでしょうか。貧しい国からテロを起こす人が出ているわけでない。アルカイダの大部分は豊かなサウジアラビアの出身です。パレスチナも、イスラエルの経済と一緒になってから、仕事ができるようになり、経済はそれほど貧しくはなかった。今はテロのせいで貧しいけれど。

民主主義を嫌うアラブ

――今後の見通しはどのように考えられますか。

シロニー　テロに、宗教が入るから、難しい。テロは天国へのビザという思考では。

滝川　和平プロセスが始まった頃、パレスチナ警官にイスラエルが銃を渡したとき、イスラエル大使館の駐在武官に「逆にイスラエルに銃を向けるようにならないですか」と聞くと、楽観的で、「そうならないと思う。なぜなら、国づくりに忙しいから、そちらに向かって、イスラエルに銃を向ける余裕はないだろう」と言っていました。自分の国を創ることにエネルギーを注ぐ方向に変わらないと、解決は非常に難しい。

さらにアラブ、特にエジプトのメディアや知識人も問題で、対イスラエル・テロなら許されると煽り立てています。このような体質、風土が問題の背景にあると思います。

シロニー　イスラエルは、戦争しながら民主主義を守っています。世界にも例のない、これは大したことだと思います。韓国は最初民主主義でなく、軍事政権でした。

今までの歴史で、民主主義国家間で戦争はなかった。もしアラブ諸国が民主主義であれば、またパレスチナが民主主義になれば、戦争はないでしょう。独裁主義の場合、指導者が自分の地位を守るために、国家主義とか宗教の過激主義を推進する。アラブに民主主義が推進したらいいと思うけれど、難しいのは、宗教のほかに、もう一つは彼らの西欧嫌いから、民主主義を拒む。日本も昔、そういう思想を持つ人がいましたね。民主主義より良い政体をつくりましょう、と。

――最後に、日本人への提案が何かありましたら、お願いします。

シロニー　イスラエルは、日本の歴史を見ていろいろなことを勉強することができます。たとえば、日本がどういう風にして平和国家になったか。満州、朝鮮、台湾など、自分の支配した領土を放棄して、もっと小さい国土になっても、以前よりずっと豊になった。ですから、土地が小さくなることはそんなに危険ではない。エネルギーを経済に投入したらいい。

日本の人も、イスラエルを理解してほしい。特に、ホロコーストのこと、シオニズムの思想、反ユダヤ主義の危険などを。お互いの交流、文化交流が必要だと思います。

4章　日本とユダヤの興味深い接点

【編注】二〇〇五年十二月、来日中のシロニー教授ご夫妻を「ミルトス友の会・懇親会」にお招きし、親しく語り合う一時をもった。質疑応答の一部を紹介する。

日本とユダヤの共通点

――先生は著書などで、日本人とユダヤ人との共通点を述べておられますが、その点についてお聞きします。その共通点とは、宗教的な面でしょうか、それとも民族的な面なのでしょうか。

シロニー　宗教と民族、両方でしょうね。宗教といえば、形式的には日本は多神教と言われ、ユダヤ教は一神教と言われますから、ずいぶん違います。でも実際には、日本の多神教の背後には一神教の実体があるのではないかと、私はいつも思っているんですね。日本では八百万《やおよろず》の神と表現されますけれども、その中には一つの神様があると私は思います。

ですからそんなに矛盾じゃないです。両者ともに共通するのは「見えざる神」です。

そして民族的には、日本もユダヤも同じ民族性を保ってきました。民族の伝統や宗教、文化などが、長い間あまり変質することなく続いています。世界を見渡せば、いろいろな古い民族もあります。たとえばエジプトや中国という民族。彼らは、実際には途中で何回も変わっていますから、今と古代では同じ民族ではありません。

それに比べて、日本とユダヤは長い伝統を守り、自分の宗教と言葉、習慣などをしっかり保ってきました。他方で、世界の文化を吸収したりして、とてもオープンだった。そしてとても成功した。ときどき成功し過ぎた（笑）。かつて日本人は中国の文明を吸収し、ユダヤ人もいろんな文化を吸収した。そういう様々な文明や文化を吸収して輸入しても、自分の核が変わらなかった。自分たちの価値観が変わらなかったんです。それが今日まで続いているという点が、両民族の類似点だと私は思います。

しかしその一方で、反ユダヤ主義が十九世紀以降はとても激しくなりました。今も反イスラエル運動が各地に起きています。日本も同様です。反日感情が西洋にも上がりましたし、アジアにもあります。ですから二つの民族がときどき犠牲者になりますね。これもまた共通点でしょう。

――その共通点の一つの理由として、遠い遠い昔に、ユダヤ人が日本にやって来て根付いたということは考えられますか？

シロニー　そういう説があるでしょう。日猶《にちユ》同祖論と言いますね。たとえば秦氏がユダヤの部族だという説。もしそれが本当だったら私も嬉しいです。でも残念ながら、証拠がなかなか見つからない。それを実証する証拠も見つからないし、それを否定する証拠もないから、両方の可能性があるわけです。将来、どこかで証拠が発掘されれば幸いなことでしょうね。

しかし、それ以上に、この両民族はお互いに何かを感じるものがあります。日本人がイスラエルに来るとき、そして私たちイスラエル人が日本に来るとき、何かを感じる。これを証明する証拠などありませんが、そう感じませんか？

――確かに、惹かれるものがありますよね。お互いを引き合う何かが。

シロニー　そうそう。

歴史上の「加害者」と「被害者」

――ところで、歴史における「加害者」と「被害者」についてお尋ねします。これはいつの時代にも歴史上で問題になるテーマですが、特にヨーロッパ近代においては、ユダヤ人がずっと被害者として生きてきました。一方で、アジアの近代においては、日本人が加害者として振る舞ってきたという歴史的な評価があります。今、日本でも、その問題を巡っていろいろな説がありますけれども「歴史における被害と加害」という問題を、先生はどのようにお考えになっておられますか。

シロニー　難しい質問ですね。確かに、ユダヤ人は長い間、被害者として生きてきました。第二神殿が崩壊したとき（紀元七〇年）から、イスラエル建国（一九四八年）まで、だいたいにおいてユダヤ人は被害者でした。でも、建国以降は、加害者と被害者と両方になりました。日本でも、明治以前は加害者でもなかったし、被害者でもなかったですね。島国だったから。よその国と戦争をしなかったから。被害者の経験も蒙古襲撃が一度あったりはしましたが、例外的なことだった。

でも明治維新以降、日本は被害者にも加害者にもなりました。どちらが多かったかは議論がありますけど、両方になった。そして終戦まで両方だった。でも終戦以降は、日本はもう加害者じゃないでしょ。時々、批判や反日感情が出て、被害者になります。

イスラエルもそうでしょ。イスラエルはやむを得ず、自衛のために、時々加害者になります。ですから、イスラエル人は、日本の戦前のことを理解することができます。本当は、加害者になるつもりはなかったけれども、時々仕方なく、自己防衛のために加害者になるでしょ。

――話はずっと遡りますが、聖書に登場するヨシュアは果たして加害者だったのでしょうか？　神様の命令でしたことでしたが。

シロニー　そういう歴史が、本当にあったかどうかは誰にも分からない。神武天皇もそうでしょ。神武天皇が加害者だったか被害者だったかは分からないでしょう（笑）。でもその時代は、そういう区別があまりなかったように思います。モーセもヨシュアも、神の命令でそういうことをしましたから、自分のことを加害者とは思わなかった。もちろん、他の民族にとってみれば、ユダヤの襲撃だと思ったでしょう。でも、そういう古いことを、今の言葉で説明することは難しいですね。考え方が全然違っていたのと、実際あったのかどうかが分からないから。でも、形式的には、もちろん加害者だったでしょうね。

ユダヤ人の定義、民族と宗教

――ユダヤ人の場合、ユダヤ教を信じている人がユダヤ人だと思いますが、もし日本人がユダヤ人のように世界に離散する運命になったら、日本人を日本人たらしめるバックボーンが何もないと思うのですが。

シロニー　たとえば今の日本人がアメリカに移住した場合、時が経つと〝日本人〟ではなくなってしまうケースが多いのではないですか。顔と名前だけ日本人で、実際は日本人じゃない人がいます。日本人は、いつも自分の国にいて自国の独立を守れたから良かったんだと思います。日本には皇室という特別な伝統が続いてきましたから、宗教がそんなに必要じゃなかったんです。

山本七平は「日本教」という言葉を作りました。日本教とは日本の宗教全部——キリスト教も含めて、全部合わせて、日本人の宗教のことを指します。

しかし、日本人が「日本教」を捨てても、まだ日本人でしょ。ですから、日本人という定義は、民族的な要素が多いでしょう。ユダヤ人の定義は宗教と民族が一緒です。ユダヤ人は、他の宗教に改宗する場合は同時にユダヤ民族をやめることを意味します。そして他の宗教の人がユダヤ教に改宗すると、同時にユダヤ人にもなるわけです。これはユダヤ特有のことだと私は思います。

ユダヤ人の定義は二つあります。一つは、ユダヤ人を母に持つ人。そしてもう一つは、ユダヤ教に改宗した人です。一般には、前者のユダヤ人のお母さんから生まれてきた人のことを言います。これは女系ですね。今、日本の皇室が問題になっているでしょ、男系か女系か。ユダヤ人は女系でつながってきています。今イスラエル人口の一割くらいは、宗教からまったく離れた生活をしています。宗教に全然興味がない。でも、彼らはれっきとしたユダヤ人です。彼らのお母さんがユダヤ人だから。

コーヘンの家系は男系子孫

女系は一般のユダヤ人でのお話ですが、ユダヤ人の中でも特別な例があります。それは、祭司《コーヘン》の家系です。彼らだけは男系なんです。お父さんがコーヘンであれば、子供もコーヘンになります。改宗した人がレビやコーヘンになることはできない。そして普通のユダヤ人もコーヘンにはなれない。

――これは日本の皇室と共通していますね。

シロニー そうです。コーヘンは、日本の皇室と同じように男系で、長い間続いていますね。とてもおもしろい現象でしょ。彼らはかつて神殿の仕事をしていたのですが、神殿は二千年前に崩壊した。それなのに、コーヘンだけは続いているんです。もし将来、第三神殿ができましたら、彼らは神殿で勤めることになります。私もコーヘンの家系ですから、将来も仕事がありますので安心です（笑）。

――コーヘンは男系で、ユダヤ人は母系であるというのは、聖書時代から定められていたんでしょうか。

シロニー いいえ、母系というのは、戒律としてはタルムードの時代に確立したんでしょう。それ以前は、習慣だったのでしょう。たとえばダビデ王の曾祖母はルツですが、彼女はモアブ人でした。でも多分、彼女が改宗したからユダヤ人になったんでしょう。

――在日イスラエル大使のエリ・コーヘン氏が以前「自分の祖先は二千六百年前からコーヘンだった」とおっしゃっていました。これは日本の皇室との共通点で、すばらしいですね。

シロニー　以前、おもしろい調査がありました。世界中のコーヘン家系の血を集めてDNA鑑定したら、DNAの中に同じ要素が見つかったというのです。みんな、モーセのお兄さんであるアロンからつながっているわけです。ひょっとしたら、日本の皇室もコーヘンかもしれませんね。もし日猶同祖論が本当であれば、コーヘンの一部が日本に来て、皇室を作った。ですから神武天皇は多分コーヘンだったんでしょう（笑）。

日本で一神教が理解されない理由

――素朴な疑問なのですが、ユダヤ教とキリスト教とイスラム教はみんな旧約聖書から発生した同じオリジンを持つ宗教であるのに、どうしていがみ合うのでしょう。

シロニー　喧嘩の中でも兄弟喧嘩が一番激しいでしょ（笑）。キリスト教とユダヤ教には共通の旧約聖書がありますが、キリスト教には新約聖書があります。イスラム教にはコーランがあります。イスラム教は旧約聖書も新約聖書も否定してコーランだけ信じます。ユダヤ人は新約聖書を否定して旧約聖書を信じます。その中で、ヤハヴェとかゴッドとかアラーとか、呼び方はそれぞれ違いますが、同じ神様だと私は思うのです。でも、一神教はお互い他の宗教を認めることができない。

日本の場合は、神道も仏教もそうですが、他の宗教を認め、共存できます。それが一神教ではなかなか難しいのです。日本の場合は、同時に神道と仏教を信じることが大丈夫でしょ。そしてキリスト教を信じることも大丈夫かもしれません。でもキリスト教、イスラム教はできないんです。

一神教にとっては「信じる」ということが大事な点です。イエス・キリストを信じるかどうか、あるいはムハマドが最後の預言者であることを信じるか否かが、根本的な問題です。日本で「あなたは釈迦を信じるか？」とか「天照大神《あまてらすおおみかみ》を信じるか？」なんて全然たいした質問ではない。日本の場合、信じるということより、お祭りをしたり参拝をしたり、実際の行ないや方法を重要視するからです。

日本が中東和平の推進役に

――シロニー先生がイスラエルで、ユダヤ人にもパレスチナ人にも日本のことをもっと伝えられると、より仲良くなるんじゃないですか。

シロニー　二カ月ほど前に、私はある座談会に出席しました。日本の文化庁主催で、「平和と文化」がテーマでした（二〇〇五年十月十日、第三回国際文化フォーラム）。文化といえば日本文化、平和といえば中近東の平和です。この座談会が奈良市の法隆寺の中で行なわれたのです。おもしろいでしょ。私はイスラエルの代表でしたが、パレスチナの代表がエルサレムのアルクッズ（アラビア語でエルサレムのこと）大学のサリ・ヌセイベ学長でした。私たちは、エルサレムで会ったことはありません。法隆寺で最初に会ったんです。

その座談会を企画した人は、私たちが座談会の中で喧嘩すると思ったかもしれない。でも実際にはとても親しくなりまして、最後には握手しました。そして、私たちは日本の文化庁に提案したんです。日本の政府がもしエルサレムに日本文化センターを作ったら、そのセンターがパレスチナ人にもイスラエル人にも日本の文化を教えてくれる。そうすれば、双方がもっと親しくなる可能性が生まれる。そういう意味で、日本の文化が中近東の平和に貢献することができます、と。

これが聖徳太子の法隆寺で開催されたのも象徴的でした。聖徳太子は、仏教を輸入しても日本古来の民族儀式や神道の儀式を守りました。仏教と神道の共存ができたんです。そういう平和的な共存が、中近東にも模範になれば、私は素晴らしいと思います。

II　ユダヤ難民を助けた日本人

河合一充

5章　杉原千畝のビザの謎

元外交官・杉原千畝《ちうね》氏（一九〇〇～一九八六年）は、「命のビザ」を出したその人道的行為のゆえに今では中学校や高校の教科書にも載るほどに、よく知られている。そして、イスラエル国や日本の外務省からも顕彰されている。

いまさら紹介するまでもないが、杉原（以下、敬称を略す）は日本人とユダヤ人の関係の物語を綴るとき、どうしても欠かせない人物である。彼ほどユダヤ人から感謝され、日本人として国際社会に誇れる人は少ない。

さて、杉原は何をしたのか。定説によれば、第二次世界大戦中、リトアニア日本領事館領事代理としてユダヤ難民に、日本政府の命令に違反しても、無条件に多量に日本通過ビザを発給して、その結果、ユダヤ難民六千人がナチスドイツによる虐殺の運命から逃れることができた。このとき、杉原は外交官としての職を失う恐れ、あるいは命の危険さえも覚悟した。当初、外務省の訓令とユダヤ人の人命のあいだに立って苦悩したが、妻や家族の激励でビザ発給を決断した。それは全く人道的な精神からだったという。戦後、このビザの責任を問われて、杉原は心ならずも外務省を解雇された。……

これが、杉原幸子夫人の著作『六千人の命のビザ』（一九九〇年、朝日ソノラマ刊）にそった定説である。いくつかの著作も、あるいは映画やテレビ、演劇の作品も、この流れで伝えられている。

もっと知りたい歴史の真相

確かに杉原の行為は素晴らしい。ところで、それが個人のヒューマニズムの美談にのみ終わらせると、人は素朴な疑問をいだかないでもない。「なぜ、そうしたのか」「なぜ、それができたのか」という問いに答えてくれない。

また、人事に関し外務省が非常に冷酷であるかのような印象を残す。やっと一九九〇年代に、外務省と杉原家の間の和解がすすめられたが、その和解そのものにも不自然なものを感じる。

歴史は様々な要因が重なって、現実を織りなしていく。単純な一つの要因で説明しがたいのが歴史というものである。杉原ビザについて言えば、救われたユダヤ人にも、一般のユダヤ人にも、また私たち日本人にも、もっと知りたいことが残っている気がする。

八百津町に記念館

杉原の故郷、岐阜県八百津《やおつ》町の緑も豊かな高台、「人道の丘」と呼ばれる公園に氏の胸像が建ち、そこに二〇〇〇年に杉原千畝記念館が建設された。その記念館にある説明文は公式的なものと見てよいだろう。その一部を紹介して、そこにひそむ杉原ビザの謎に迫ってみよう。

「一九四〇年七月一八日、第二次世界大戦のさなか、リトアニアの日本領事代理をしていた杉原は異様な雰囲気で目をさましました。領事館から外を見ると周囲をたくさんの人がとりまき、血走った目をして何かを叫んでいます。すべてがユダヤ人。ナチスの迫害を逃れるため、日本の通過ビザを求めて集まってきた人々でした。

杉原千畝

前年にはナチスドイツがポーランドに侵攻、イギリス、フランスがドイツに対し宣戦布告をして、戦火はヨーロッパ中に拡大。ナチスはユダヤ人を捕まえて次々と強制収容所に送り込んでいました。収容所に入れば悲惨な運命が。大量虐殺……ホロコースト。

そのナチスから迫害の魔の手を振り切ってきたユダヤの人たちが杉原のもとに押しよせたのです。当時のユダヤ人たちの逃げ場はたったひとつ。オランダ領キュラソー島。しかし、ここに行くためにはソ連、日本を通過する以外はなかったのです。

このとき日本とドイツは同盟関係。ユダヤ人を助ければドイツに対する裏切り行為になります。杉原はビザ発給の許可を得るために日本の外務省に電報を打ちますが返事はありません。何度も何度も打った結果、やっと帰ってきた回答は『ノー』。

『私の一存で彼らを救おう。そのために処罰をうけてもそれは仕方がない。人間としての信念を貫かなければ』と決心した杉原は、それから懸命にビザを書き続けました。腕が腫れあがり、万年筆がおれても杉原は書き続けました。……」

ナチスドイツと諸国の冷たい対応

この短いストーリーには、当時のヨーロッパの時代背景が書かれているが、日本の置かれた時代背景が述べられていない。日本政府の対ユダヤ政策も触れられていない。むしろ誤解をよぶ表現になっている。

「ナチスはユダヤ人を捕まえて次々と強制収容所に送り込んでいました。収容所に入れば悲惨な運命が。大量虐殺……ホロコースト。」

ナチスドイツは、ユダヤ問題の解決として、最初はユダヤ人の国外追放で対処していて、アウシュビッツにおけるような虐殺はまだ始まっていなかった。ずっと後のことである。

一九三三年にヒトラーが政権をとってから、危険を察したユダヤ人はドイツ国外に逃れていた。満州・シベリア経由でできた樋口ルート（次の6章を参照）で脱出したのは、そういう人たちだった。杉原の前に難民救出の先例があったことをここに指摘しておこう。

三九年九月、ポーランドが占領されてから、ポーランドのユダヤ人はリトアニアに逃れた。そして杉原ビザの四〇年七月を迎える。ソ連は、ドイツと密約を交わし、リトアニアを併合した。

そのころ、米国も英国もユダヤ難民に冷たかったのは、今は彼らが隠したがる歴史的事実である。当時、おおむね国際社会は、政府のみならず、民衆レベルにおいても反ユダヤ的であった。それとの比較において、日本はユダヤ人に対して随分公正であり、その苦難に同情的であった。

それを端的に象徴しているのが「オランダ領キュラソー島」である。名も知らぬ遠き島ではないが、なぜキュラソー島がたったひとつの逃げ場なのか。そこはビザを必要としなかったからだが、一方、アメリカや他の国が入国ビザを出そうとしなかったことを意味する(大使館・領事館等が機能していなかったせいもある)。それについては後ほどふれる。

記念館が述べる「日本はドイツと同盟関係。ユダヤ人を助ければドイツに対する裏切り行為になります」は、これは本当だろうか。

杉原ビザの時点では日本はドイツとの軍事同盟を結ぶ以前であるし、後にイタリアと共に三国同盟を結んだが、条文にユダヤ人迫害への協同行為を謳っているわけではない。日本は独立国として、ドイツの国策に全面的に従う必要はないし、事実そうはしなかった。後に、一九四二年頃、日本の占領下の上海において、ナチスの極東代表マイジンガーからユダヤ人絶滅の要請があったが、現地の日本の官憲はそれも拒否している。

日本の対ユダヤ政策の方針

日本ドイツの同盟関係が、ユダヤ人を助ければ裏切り行為になるなどの条項はあるはずもなかった。それを証するものがある。日本は、一九三八年(昭和十三年)十二月近衛首相の「五相会議」において『ユダヤ人対策要綱』なるものを策定した。

五相会議とは、首相、陸軍大臣、海軍大臣、外務大臣、大蔵大臣よりなる最高首脳会議である。その策定には、陸軍のユダヤ専門家、安江仙弘《のりひろ》大佐の影響があったと言われてい

近衛文麿首相

る。（しかし、その説がどこまで真実かは慎重な研究を要する）

その要綱の中で「（ユダヤを）ドイツ国と同様極端に排するがごとき態度に出づるは、さきに帝国の多年主張し来れる人種平等の精神に合致せざる」として、「ユダヤ人に対しては一般に外国人入国取締り規則の範囲内において公正に処置す」るように、と言っている。つまり、ドイツなどと違って、ユダヤ人だからといって、差別はしない。これが国の方針であった。

すなわち、日本政府のユダヤ人対策の方針は、当時の国際情勢から見て、ユダヤ人に好意的だった。

この要綱は昭和十七年に廃止されるまで続いた。この精神が、政府や杉原に流れていたことは見落としてはならない。

ビザ発給の形式的条件

杉原は、ビザ発給の許可を得るために電報を打った。杉原千畝記念館の説明は、「日本の外務省の……やっとやってきた回答は『ノー』」とある。

では、外務省の訓令は何であったか。一九四〇年（昭和十五年）七月二十二日、第二次近衛内閣が発足し、外務大臣に松岡洋右《ようすけ》が就任した。日本通過ビザの発給について、翌二十三日、松岡洋右外相は次のようにベルリン大使館経由で各地の在外公館に訓令している。

「行き先国の入国許可手続の完了した者に限り発給すること」（第四六九号）

これを見れば、ユダヤ人だから発給するな、ではなかった。ユダヤ人を迫害せよとの訓令では毛頭ない。通過ビザ発給の一般的条件を明示し、それに則って、条件を満たした申請者にビザは発給できるとの、至極妥当な答えでしかない。当然、旅費や滞在費を所持しているかどうかも条件になる。

そこで、杉原は、条件を満たさない者に拒否することもできた。しかし、ユダヤ難民に同情のあまり、救いの手を差し伸べた。ここに彼の人間性、勇気と人道愛がひかる。

しかし、この原則を破ることがどの程度の命令違反に相当したのか。公然と本省に抗命した姿勢を見せず、しきりと電報を打つ杉原はどのように訓電を解釈していたのか、謎に映る。なぜならここで、次のような疑問が湧かざるを得ないからである。

不備なビザでも入国できた謎

もし大量に発給したビザが日本入国の際に条件不備で拒絶されることがあれば、ビザの発給はユダヤ難民の救いにならない。しかも、杉原ビザの場合、多くが条件を満たしていない。中日新聞の取材（参考資料1）によれば、救出者の証言は杉原が一見して偽造のパスポートにも通過ビザを与えたという。

そういう極端な例もあるにもかかわらず、ユダヤ人はみな入国できた。それが事実であった。六千人もの外国人が、ほとんどトランク一つの難民の姿で日本に入り、無事に目指す安住の地に行けると、どうして杉原は判断することができたのだろうか。

自分は、ともあれビザを出せばよいとばかり、書くことにのみ集中したとは思えない。一時の同情やその場限りの判断で、ビザを出すことをしただろうか。それはあり得ない。情報畑の専門家である彼は、十分に成功の状況判断をしたことは間違いない。

また、ここに日本の官民あげて、ユダヤ難民に温かい救いの手を差し伸べた事実も、特記されなければならない（例えば、敦賀《つるが》市や神戸市の市民や行政関係者ほか）。杉原は、日本においてユダヤ難民が援助を受けることには疑いを抱かなかったようだ。現実、第二、第三の杉原がいたのである。

推測すると

杉原ビザの謎の一つは、ビザ発給の要請に対して外務省の対応がどうであったか、である。日本の入国において、また日本滞在に関して、何ら妨害や拒絶の行動が起きた事実はない。

例外は、一件あった。一九四一年（昭和十六年）三月、七十二人のユダヤ難民が敦賀に着いた。ところが、最終目的国のビザが無かったので、下船を認められず、乗ってきた船（天草丸）で、ウラジオストクに戻される事件がおきた。ソ連も入国を許さず、再度日本へ。しかし、今度は背後の助けがあって、無事上陸を許されて、問題は解決したのであった。

通過ビザは、当然、最終渡航先がある場合にのみ、入国が許されるのは、当然の常識である。現在でも生きている国際ルールである。

不備の条件にもかかわらず、外務省の訓令に反して発給された杉原ビザは有効であった。その背後には、記録に残されていない密約が、杉原と外務省ないしは政府、あるいは軍部とのあいだにあったのではなかろうか。そう信じる説もある。つまり、日本政府は、杉原の行動を陰で指導し、実は杉原は本国の意図に忠実であっただけ、との説である。

しかし、裏付け証拠がない以上、にわかには受け入れがたい。これも「善」を企んだとする、一種の陰謀説に見られかねない。

ロシア通の諜報部員・杉原に注目したい。ユダヤ難民が脱出できるかどうかは、シベリア鉄道に乗れるかどうかだ。杉原は、ソ連当局から、日本の通過ビザがあればソ連も通過ビザを出すことを確認している。このとき、彼のロシア語の能力が存分に活かされたという。ロシア人以上にロシア語を上手に話し、ロシア人の気持ちを捉える力をもっていた。この点で、杉原の満州時代の活動と生き方にも関心をもたざるを得ない。外務省留学生としてハルピンでロシア語を専攻したこと、ロシア人との交遊、最初の妻・白系ロシア人のクラウディアとの十年の結婚生活、ソ連相手の外交交渉等々。

要するに、不備だらけの通過ビザであっても、シベリア鉄道に乗ってソ連を通過するために利用できれば、それで十分だったのではないか。

そして、形式的には本省と電報のやり取りをして請訓を仰いで、それに許可の回答が得られないにしても、日本入国については彼なりの成算があったとしか思えない。（中日新聞（３）は、その推測を試みている）

ここで、別の疑問が湧かざるを得ない。

訓令の回答は外務大臣の名で来ているが、本省のどのレベルが回答にタッチしたのか。

松岡洋右外相

それに松岡外相がどこまで関わっていたのか。松岡も相当複雑な人物であった。親ナチス政策をとったが、反ユダヤではなく、満州時代の満鉄総裁のとき、樋口季一郎の要請でユダヤ難民に救援の手をのべたことがある。また、杉原ビザの延長にも無関係ではない（8章を参照）。

外務省の訓令がどの程度厳守されるべきだったのか、当時の実情は今となっては知るよしもない。ただし、それに違反して人道を優先したのは杉原のみではない。シベリア鉄道の終点はウラジオストクである。その地の日本総領事館領事代理の根井三郎氏は、杉原の二年後輩にあたるが、ビザなしに到着したユダヤ難民に日本渡航直前に「通過ビザ」を発給した。根井は杉原と懇意であったといわれる。

万が一の場合、杉原はウラジオストクで根井総領事代理が善処してくれることに賭けていなかったとは誰が言えよう。

リトアニア以後も昇進・昇給

さて、リトアニア以後の杉原がどうなったか、を知ることも重要である。

松岡外相の極端な人事政策で、海外の外交官の大粛清があった。にもかかわらず、驚くべきことに、杉原は免官にもならず、昇進・昇給している。一九四四年には勲五等瑞宝章を叙勲されている。ルーマニア公使館三等書記官に任じられたためである。（この事実は、なぜか夫人の『六千人の命のビザ』には省かれている）

余談になるが、クレイギー駐日英国大使は、杉原ビザの発給を聞きつけて、松岡外相に苦情を呈している。パレスチナを委任統治していた英国は、ユダヤ難民がパレスチナに移住するのを警戒していたからである。英国大使は国益に忠実な態度のみを示し、ユダヤ人への一片の同情心も表していない。

同時期に、リトアニアのアメリカ領事館にもビザ申請があったが、九九パーセントはもらえなかった。書類が適法でないという理由で。アメリカ領事はユダヤ人にこのように冷酷であった。杉原とは正反対の対処であった。

杉原氏の戦後

戦後、杉原はどう過ごし、どうして顕彰されるまでに至ったか。

杉原一家は、ルーマニアで日本の終戦を迎え、ソ連の捕虜収容所に入れられたが、一九四七年四月、博多港に上陸し、六月に外務省を退官した。

ソ連に入国を拒否された前歴があり、諜報活動を任務としてきた杉原に、ソ連はどう対処したか。米占領軍は彼からどんな情報を聴取したのか。これも不明である。

退官の経緯《いきさつ》にも謎が残る。夫人の『六千人の命のビザ』には、退職の際の出来事が記されている。「外務次官の岡崎さんの部屋に呼ばれて、『君のポストはもうないのです、退職して戴きたい』と言われた」。そして、岡崎次官に「例の件によって責任を問われている。省としてもかばい切れないのです」と言われたと、夫から聞いた、としている。

「例の件」とはビザの件とは明言されていないが、家族はそう信じていた。

一方、外務省の言い分は異なる。一九四七年に帰国後依願退職となっているが、退職までのあいだ昇給も叙勲も行なわれており、規定通りの退職金、年金も支払われていて、不利な扱いを受けたという記録はない。ビザ発給の責任を問われて外務省を解雇されたという事実はない、という。

一九四六年に外務省職員のリストラで、約三分の一の人員が退職している。杉原だけではないのである。

いずれの主張が正しいかは、判断が分かれるところだ。杉原家の主張には、他の裏付けがない。

戦後、日本の外交は占領軍によってストップさせられた。いわば外務省自体がリストラにあい、停年（五十歳）まで三年しか残さない、諜報畑を歩いてきたノンキャリアの外交官は居る場がなくなったというのも、常識的には頷ける。

杉原自身にとっては、退職が人員整理による理由であったにしても、納得がいかなかったであろうことも、これまた頷ける。

リトアニア事件直後、なぜビザ発給の責任を問われなかったかは、当時、本省の松岡大臣、大橋次官（同郷で、満州時代の上司）がかばったからだ、という説がある（2）。これも裏付けがある説明ではない。

その後、杉原は（戦時中も）戦後も一切語らない。未公開の「千畝手記」なるものがあるが（2）、晩年になって書き始めたものだそうである。手記というものは時として、自己弁護や合理化に使われる。今後、杉原学なるものができたあかつきに、その資料は学問的研究にゆだねられるべきだろう。

顕彰への道

さて、救われたユダヤ人たちは杉原を探し続けた。一九六八年、イスラエル大使館のニシュリー参事官（彼も救われた一人）が彼を探しあてた。

ユダヤ人に知られると、顕彰への道は開けていった。四男伸生氏はイスラエルに公費留

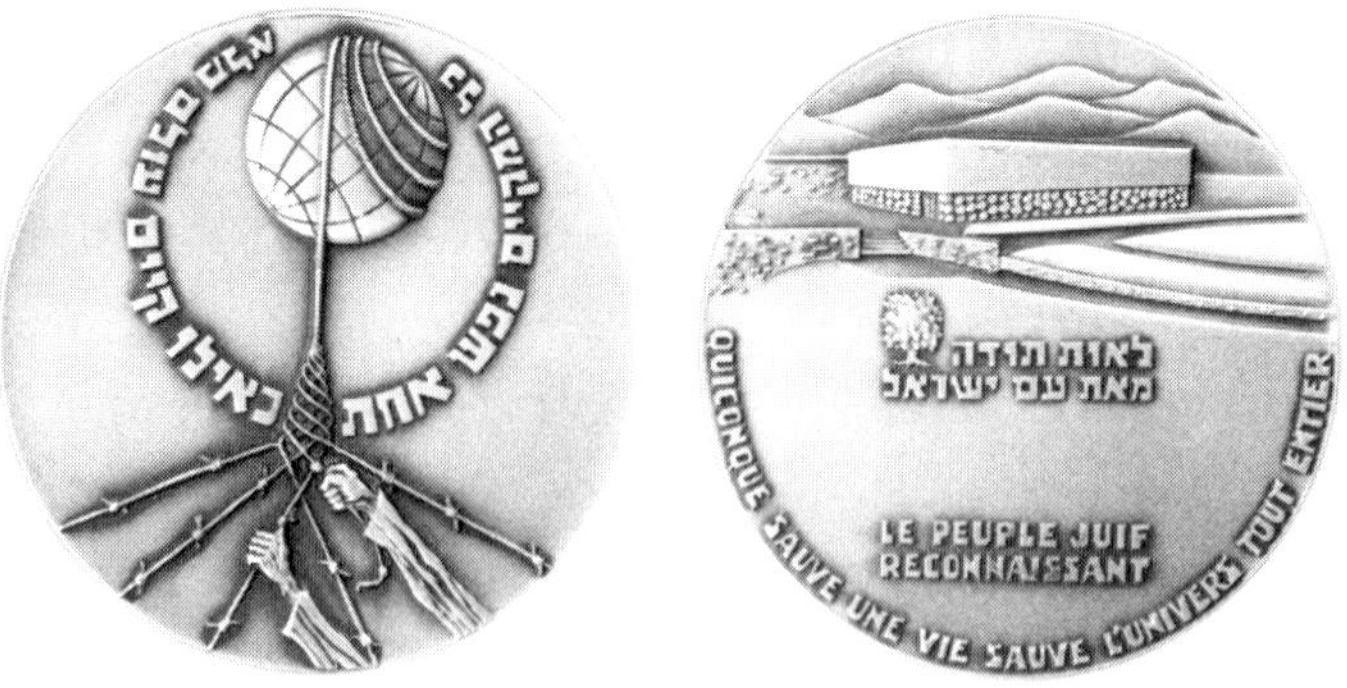

「諸国民の中の正義の人」賞　【左】表【右】裏
「１つの魂を守る者は、全世界を守ったに等しい」

学に招かれ、そのとき初めて杉原の事績が日本の新聞に報道された（朝日新聞、一九六八年八月二日）。八五年イスラエル政府より、ヤッド・バシェム賞（「諸国民の中の正義の人」賞）を授与された。杉原は体力も弱まり、イスラエルでなく、東京のイスラエル大使館でこの名誉ある表彰が行なわれた。翌年、八十六歳で逝去された。

外務省では、杉原の辞職について解雇した事実を認めないので、杉原家との和解もないまま、特に顕彰する動きもなかった。それにしても、杉原を外交官の先輩として誇らしいとは思わなかったのだろうか。

外務省の動き

新しい動きが始まったのは、九一年のこと、外務政務次官として、バルト三国を訪問することになって、リトアニアに関連して『六千人の命のビザ』を読んだ鈴木宗男代議士からだった。

鈴木代議士は、杉原家と外務省の間に入った。杉原夫人を飯倉公館に招き、外務省の五〇年近い意思疎通をわびた。外務省側の思惑をけっての、ある意味で強引なやり方でもあった。

九二年三月十三日、宮沢総理大臣は、衆議院予算委員会で杉原氏の判断と功績を称える旨の発言をした。九四年九月二十三日、八百津町の顕彰式典に外務省代表が出席し、河野外務大臣の祝辞を代読した。

杉原の生誕百周年に当たる二〇〇〇年には、外務省は外交資料館玄関に顕彰プレートを掲示して記念している。郵政省からは記念切手が発行された。

記念切手

しかし、外務省は、杉原の辞職の事実については従来の主張を翻したわけではない。

いわゆる外務省叩きという、世論の流れに迎合する意図で、杉原を悲劇のヒーローに、外務省を敵役《かたき》にする論調があるとしたら、杉原の真意とは無縁の政治的宣伝であろう。

『訓令違反』という言葉が独り歩きして、杉原の人格と行為を一層称賛されるものにする一方で、日本の国が反ユダヤ主義であったとか、国家の悪に個人の人道主義が勝ったとか、という俗説に脱するならば、一般の日本人としては耐えがたい。

ただし、外務省の遅きに失した応対には疑問を抱かざるを得ない。理由が考えられないわけではない。日本は戦後ずっと石油をアラブ諸国に依存してきている。外交も必然的にアラブ寄りに傾き、イスラエル軽視、あるいはアラブへの気兼ねといった政策が改められたのは、一九九一年の湾岸戦争以降といってもよい。ユダヤ人が率先した杉原の顕彰をあえて無視した背景に、そんな外交当局の姿勢があったとも見られよう。

英雄でも殉教者でもなく

杉原は、生前、公に何も語っておられない。氏の沈黙に大きな意味を見いだしたい。それゆえに、多弁に氏の心境を代弁することは、氏の喜ぶところであろうか。杉原は、サムライであったと思う。それでいいではないか。

ユダヤ人として、杉原に興味をもった米国のボストン大学のレビン教授は、伝記『千畝』（4）の「日本の読者へ」において、こう語っている。

「私が探しあてた千畝は、私が想像していたよりも、ずっと好ましい人物でした。故郷八百津の吹きさらしの丘に立つ杉原像よりも暖かく、また傷つきやすい人物でした。彼は、伝説を創作し、英雄や殉教者に仕立てあげようとする人々の試みに反して、〈普通の人間〉でした。彼の物語の特異性は、じつに、この彼の尋常さにあるといえます。千畝は普通の人間でも、時に桁外れの行為を行うことができることを示すことで、私たちを励まし、勇気づけてくれるのです。杉原の善意と強さが、私たちにも〈伝染〉しますようにと願いつつ、今なお生き続ける世界中の〈杉原〉に感謝を込めて」

【参考資料】

1『六千人の命のビザ』(一九九〇年、杉原幸子著、朝日ソノラマ刊)
2『決断・命のビザ』(一九九六年、渡辺勝正著、大正出版刊)
3『自由への逃亡――杉原ビザとユダヤ人』(一九九五年、中日新聞社会部編、東京新聞出版局)
4『千畝　一万人の命を救った外交官　杉原千畝の謎』(一九九八年、ヒレル・レビン著、諏訪澄、篠輝久監修・訳、清水書院刊、原著 *In Search of Sugihara* 1996)

6章　樋口季一郎とオトポール事件

――ユダヤ難民を初めて救った日本人

一九三三年以来ドイツの支配権を握ったナチスは、次々と反ユダヤ政策を実施し、ユダヤ人に対する差別と迫害はひどくなる一方であった。ユダヤ系のドイツ人は、強制的に国外に追放されたり、あるいは自ら逃亡したりした（まだ皆殺しの強制収容所のできる以前である）。東の方にポーランド、ソ連経由で脱出する者は、シベリア鉄道を経て、日本や満州を通過して、安全な国に行こうとした。

これは、いわゆる「杉原ビザ」で救われる出来事のまだ二年半あまり前の出来事、日本人が初めて救いの手をのべて、「命のルート」ができた物語である。

シベリア鉄道の果てにユダヤ難民が

一九三八年（昭和十三年）三月といえば、満州はまだ寒気厳しい季節であった。満州（現中国・東北部）の「満州里《マンチューリ》」駅と国境を接するソ連側の駅「オトポール」は、シベリア鉄道の支線の終点である。そこに、ヨーロッパよりナチスの迫害を逃れてきたユダヤ人の難民が多数、到着した。正式なビザを持たないためか、満州国に入れてもらえず、野宿に近い生活を強いられている。このままでは飢え凍えてしまう。

その人々の数は約二万人とも言われる。ただし、二万人は確証がない。鉄道の輸送能力から見て、それ以下であろうが、問題は人数ではない。帰るあてのない、救いを待つ以外にない相当数の難民が厳しい環境におかれていたという事実であった。

ハルピン特務機関長の頃の樋口

樋口将軍の決断

このオトポールの事情が、関東軍のハルピン特務機関長・樋口季一郎陸軍少将（後に中将となる）の耳に伝わった。（注・関東軍とは、日露戦争後満州に得た日本の権益を守るために大正八年独立編成され、満州に駐留した軍であり、特務機関は情報・防

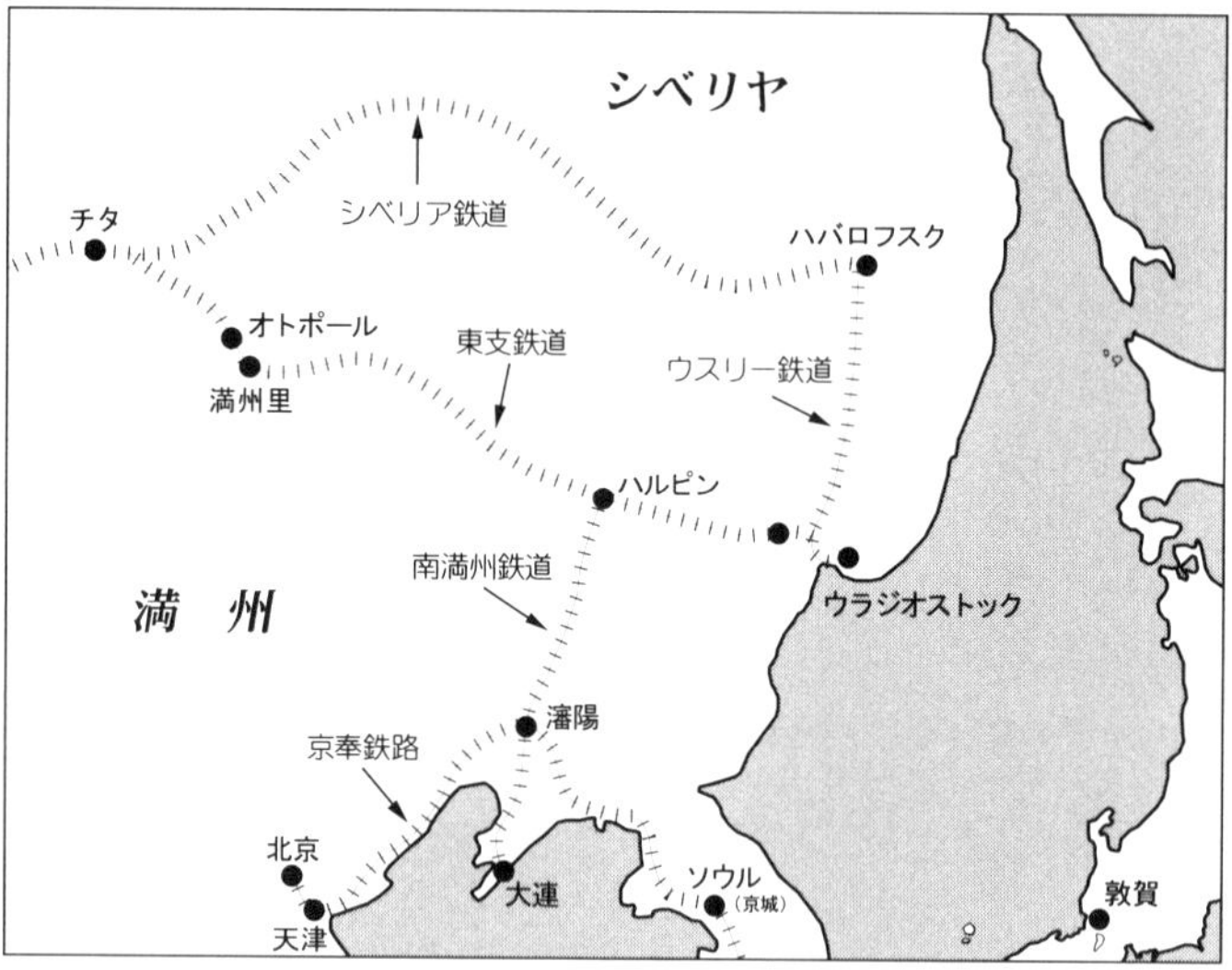

諜・宣撫活動などの任務についていた)

樋口はこう自問した。

「もし満州国が入国を拒否する場合、彼ら(ユダヤ難民)の進退は極めて重大と見るべきである。ポーランドも、ロシアも彼らの通過を許している。しかるに『五族協和』をモットーとする、『万民安居楽業』を呼号する満州国の態度は不可思議千万である。これは日本の圧迫によるか、ドイツの要求に基づくか、はたまたそれは満州国独自の見解でもあるのか」(『樋口季一郎回想録』三五二頁)

樋口は、これこそ人命に関わる問題であると考え、満州国外交部の下村信貞(終戦時にハルピン代表部次長)を呼んで協議をした。そして、これは「結局人道上の問題である」と意見の一致を見た上で、外交上の手続きをとらせた。（以降、満州国は国境の満州里駅で、難民への通過ビザを発行することになった）

さらに、樋口は満鉄の松岡洋右総裁（後に外務大臣）に連絡をとる。樋口に同意した松岡は、直ちに救援列車の出動の手配をさせた。

満州里はハルピンから九百キロの距離にあり、列車の本数は少なかった。一週間に客車と貨物車がそれぞれ一回の運行だったため、特別に救援列車が必要であった。

三月十二日、ハルピンに最初の列車が到着した。ハルピン在住のユダヤ人も出迎え、難民の世話をした。同胞の救出をことのほか喜んだ。

鉄道の運賃は無料であった。これも松岡の指示であったという。（やがて、ユダヤ人協会が精算するようになった）

救われたユダヤ人は、やがて日本、上海、あるいはアメリカ他へと安住の地を求めて渡った。

こうして、「樋口ルート」は開かれた。そして、独ソ戦勃発（一九四一年）でシベリア鉄道経由で移動ができなくなるまで、ユダヤ人の自由への道となった。このルートによるユダヤ難民の救出に活躍したＪＴＢ職員の物語は次章に載せる。

ユダヤ難民救出のきっかけは、まったく樋口季一郎将軍の決断によるものであったことを思うと、日本とユダヤの関係において決して忘れてはならない人の名前である。戦後、日本においては、軍人であった人の功績は語るのを敬遠する風潮であるが、臆病になるのはいただけない。是々非々で顕彰すべきであろう。

樋口のユダヤ観

それにしても樋口は、オトポール事件に際して、どうしてユダヤ人救出を決断できたのか、興味がわく。樋口の経歴と回想録から、彼のユダヤ観を見てみよう。

樋口季一郎は、一八八八年（明治二十一年）生まれ、一九〇九年（明治四十二年）陸軍士官学校（二一期）を卒業した。同期生に石原莞爾、安江仙弘らがいる。

陸軍大学校ではロシア語を修得した。一九一九年（大正八年）に陸軍大尉となり、いわゆるシベリア出兵に赴いた。

彼の回想録によると、「私がユダヤ問題に関する興味を持ったのは、大尉時代からであり、またこの頃が日本におけるユダヤ研究の濫觴《らんしょう》でもあったと信じている」とある。

シベリア出兵というのは、ロシアに共産革命が起こり、その勢力拡大を防ごうとして、反革命軍を援助する口実に、アメリカと共に出兵した事変をさす（大正七〜十一年）。軍事的にも政治的にも何ら得るところなく撤退した。

このとき、日本軍は反革命派のロシア人から「共産主義がユダヤの陰謀による」などの陰謀説を聞き及んで、初めてユダヤ研究に着手した。ユダヤ人が世界を支配しようとする企ての書とされる、偽書の『シオンの長老の議定書』を信じる者もあり、「排ユダヤ」を説くユダヤ通も出てくる始末であった。

その中で、樋口は「マルクシズムの闘争とユダヤ排撃とを混淆《こんこう》してはならない」と健全な目をもって観察し、「日露戦争の勝利は、むしろユダヤの援助に負うところ大であったのではないか」と認めている。

樋口は、ポーランド公使館附武官を務めていたころ、ロシアを旅行中に出会ったユダヤ人の言葉を記している。

「……ある玩具店の老主人（ユダヤ人）が、私共の日本人たることを知るや襟を正して、『私は日本天皇こそ、我らの待望するメッシアではないかと思う。何故なら日本人ほど人種的偏見のない民族はなく、日本天皇はまたその国内において階級的に何らの偏見を持たぬと聴いているから』というのであった。

これは一例であるが、私の過去ユダヤ人との交友において一斉に彼らの私を尊敬する理由が、そこにあったことを知るのであり、少なくとも、日本国乃至《ないし》日本人として排ユダヤ主義を奉ずる何ら理由なきことと信ずるものである」（『回想録』三五七頁）

文筆の人でない樋口のユダヤ観は、それ以上詳しく知る手だてはないし、これで十分であろう。つまり、ユダヤ陰謀説を真に受ける者が出る中に、彼は確かに健全な常識的見方のできる人であった。そして、ユダヤ人への理解と親愛の情は、オトポール以前に彼のものとなっていたのである。

極東ユダヤ人大会

満州におけるユダヤ人援助に関与した人脈の中に、何人かの軍人がいる。なぜ軍人に親ユダヤともいうべき立場の理解者が出たのか。

戦前において、実際にユダヤ問題やユダヤ人に出会う機会は、外交官をのぞいて、日本人に滅多になかったと見てよい。軍人の場合、ソ連の「対日赤化謀略」(共産主義化)の背後にユダヤ人の手があるのではないか、との警戒心からユダヤ研究に軍が携わった。そして、ユダヤ研究の専門家が生まれていった。その発端はいかがわしいにしろ、真面目な研究とユダヤ人との交流体験から、ユダヤ陰謀説を乗り越えて、むしろユダヤ民族の運命に同情し、救いの手をさしのべたいという思いに、変わっていったと思われる。

ユダヤ人救出には、戦前の日本が欧米流の人種差別を受け入れなかった国柄だったことも、忘れてならない要素である。

さて、樋口を助けた親ユダヤの一人に河村愛三憲兵少佐（のちに大佐）がいる。一九三六年（昭和十一年）、ハルピン憲兵隊に河村少佐が赴任してきた。ハルピンは、当時、白系ロシア人の一部によるユダヤ人虐殺事件があり、またペストが流行した原因をユダヤ人の謀略だと密告されて留置されていたユダヤ人らがいた。河村はロシア人のギャング団一味を国外追放し、また無実のユダヤ人を釈放した。

（**注**・白系ロシア人とは、ロシア革命から逃れたロシア人で、共産党を牛耳るのがユダヤ人だとして、ユダヤ陰謀説を信じ、ユダヤ人を迫害した）

極東ユダヤ人大会

これらのことからハルピン・ユダヤ人の信頼を勝ち得た河村は、アブラハム・カウフマン・ユダヤ人協会会長と昵《じっ》懇《こん》の間柄となった。

翌年、樋口がハルピン特務機関長に着任すると、河村はカウフマン会長を樋口に紹介した。カウフマンは、医師を生業にしていたが、ユダヤ社会で信頼のある人格者で、ユダヤ民族解放運動に熱心に取り組んでいた。極東のユダヤ人を結集した集会を開きたいとの計画をもっていった。その許可を得たかった。河村は、内心、樋口がドイツ軍人と交友が多く、親ドイツ武官であることを心配していた。ところが、樋口はカウフマンの提案を聞くと、その趣旨に全面的に賛成した。

そして、第一回極東ユダヤ人大会が一九三七年（昭和十二年）十二月開催された。そこで樋口は祝辞を述べ、大変な感動を与えた。

「樋口少将の祝辞は場内に多大の感銘を与え、出席全ユダヤ人の感謝感激は会場破れんばかりの拍手をもって迎えられ、流涕するものあり」と、外務省外交資料館に残る文書は伝えている。

ユダヤ人協会の感謝

オトポールのユダヤ難民を救出した樋口に対して、ハルピン・ユダヤ人は謝恩の大会を催した。樋口の回想録に、その時の樋口の演説が記されている。

「諸君、ユダヤ諸君は、お気の毒にも世界いずれの場所においても『祖国なる土』を持たぬ。いかに無能なる少数民族も、いやしくも民族たる限り、何ほどかの土を持っている。ユダヤ人は、その科学、芸術、産業の分野において他の如何なる民族に比し、劣ることなき才能と天分を持っていることは歴史がそれを立証している。

しかるに文明の花、文化の香り高かるべき二十世紀の今日、世界の一隅においてキシネフのポグロムが行われ、ユダヤに対する追及又は追放を見つつあることは、人道主義の名においで、また人類の一人として私は衷心悲しむものである。……

ユダヤ追放の前に、彼らに土地すなわち祖国を与えよ」(『回想録』三五三頁)

樋口はつい油がのりすぎ、間接にドイツの追放を批判してしまったと、反省をするが、ユダヤ人がどんなに喜んだことかは想像できる。

果たせるかな、その後、ドイツ政府は抗議を申し入れた。

東条参謀長に所信をのべて

ドイツはすでに一九三六年(昭和十一年)に「日独防共協定」を結んだ友好国であり、のちに同盟を結ぶ関係の密な国である。その流れの中で、樋口が親ユダヤの言動をすることは大変勇気のいることであろう。

当然のこと、ドイツ政府は激怒したにちがいない。謝恩大会から二週間後、ドイツ外務省は、東京駐在のオットー大使を通して、日本の外務省に、「ハルピンにおいて日本陸軍のある少将がドイツの国策を批判していると聞く。これは日独親善に水をさすものである」と厳重に抗議を申し入れてきた。

外務省は陸軍省へ、陸軍省からは関東軍司令部に問い合わせが行く。当時関東軍参謀長だった東条英機中将は、樋口に釈明を求めた。

樋口は東条参謀長に向かって所信を披瀝した。

「私はドイツの国策が、自国内部に留まる限り、何ら批判せぬであろう。またすることは失当であろう。しかし自国の問題を自国のみで解決し得ず、他国に迷惑を及ぼす場合は、当然迷惑を受けた国家または国民の批判の対象になるべきである。

もしドイツの国策なるものが、オトポールにおいて被追放ユダヤ民族を進退両難に陥れることにあったとすれば、それは恐るべき人道上の敵ともいうべき国策である。

そして、日満両国が、かかる非人道的ドイツ国策に協力すべきものであるとすれば、これまた驚くべき問題である。

私は日独間の国交の親善を希望するが、日本はドイツの属国でなく、満州国はまた日本の属国にあらざるを信ずるが故に、私の私的忠告による満州国外交の正当なる働きに関連し、私を追及するドイツ、日本外務省、日本陸軍省の態度に大なる疑問を持つものである」(『回想録』三五四頁)

これを聞いた東条は、樋口の主張に同意し、彼の意見を陸軍省に申し送った。ドイツの抗議は不問に付された。

樋口は、オトポール事件で責任を問われなかったどころか、同年（昭和十三年）八月参謀本部第二部長に栄転した。日本が独立国であり、ドイツの非人道的ナチス・ユダヤ政策になびかなかったことが見受けられる。

「人種平等」は日本の国是であった。戦前の日本の、国家としての気概をみる思いである。

樋口将軍のその後

樋口は満州を去って東京に転じた。涙をもって多くのユダヤ人がハルピンの駅頭に見送った。

その後、ユダヤ人は在満時代の樋口の功績に対し、ユダヤ国民基金の『ゴールデンブック』に樋口季一郎の名を刻んで感謝の念を記録した（一九四一年）。

『ゴールデン・ブック』表紙

樋口は、金沢の第九師団師団長を務め、昭和十七年北部方面軍司令官（翌年、北方軍司令官、最終的に第五方面軍司令官）に任ぜられ、日本の北の守りについた。

昭和十八年、アリューシャン列島（米国領）のアッツ島守備隊は米軍に攻められて全滅したが、隣のキスカ島の守備隊は撤収に成功した。「キスカの撤収は、日本軍最後のヒューマニズムである」と、あるアメリカの歴史家は賞賛した。

昭和二十年八月十五日、終戦。しかし、八月十八日、不法にもソ連軍が千島列島の占守《しむしゅ》島を総攻撃してきた。樋口は、「断固反撃に転じ、上陸軍を粉砕せよ」と命令した。日本軍の猛反撃に、ソ連軍はたじろいだ。おかげで、ソ連の北海道占領の野望はくじかれた。

アメリカ軍が日本を占領、そして「戦犯狩り」が始まった。樋口は、ハルピン特務機関長を経歴とし、戦後、ソ連軍をこっぴどくやっつけた軍人である。ソ連は、樋口を戦犯に指名し、連合軍司令部に引き渡しを要求した。しかし、それは拒否された。

オトポール関係者のアメリカのユダヤ人による、樋口を救おうという運動が、米国防総省を動かしたに違いないと、樋口は回想録に記している。

【参考資料】

・樋口季一郎著『陸軍中将樋口季一郎回想録』（芙蓉書房出版）
・相良俊輔著『流氷の海』（光人社）
・上杉千年著『猶太難民と八紘一宇』（展転社）

７章　ユダヤ難民を助けた日本人たち
――ＪＴＢの果たした役割

リトアニア駐在領事代理・杉原千畝氏が発給したビザを受け取ったユダヤ人たちは、その後どのような道をたどっていったのだろうか。

彼らの多くは、一万キロに及ぶシベリア鉄道の厳しい旅をへて、やっとの思いで極東にたどり着いた。そして、そこにもユダヤ難民を助けた日本人がいたのである。

外国人客の誘致、斡旋を目的とした社団法人「ジャパン・ツーリスト・ビューロー」（ＪＴＢの前身）の職員たちは、ユダヤ難民の「旅」を支えていた。ＪＴＢのＯＢである伊藤明氏が、当時の関係者約三十人にインタビューして調査している。

この知られざる民間の日本人の働きを紹介してみたい。

極東を経由して脱出

ナチスの迫害から逃れようとするユダヤ人は、各国の受け入れ拒否や船席の確保難のため、ヨーロッパからの脱出ルートは次第に閉ざされていった。一九四〇年頃には、陸路シベリア経由で極東に向かうのが唯一の自由への道となっていた。

これには大きく分けて二つのルートがあった。一つは、シベリア鉄道の終着点ウラジオストクまで行き、日本へ渡るルート。一九四〇年に杉原ビザを発給された人たちは、ほとんどがこのルートを選んだようである。

もう一つは、シベリア鉄道から満州を経由して、陸路または海路で上海を目指すルート。当時、上海はビザなしで入れる自由都市であり、ここを目指す難民も多かった。

では、彼らが向かった極東の様子はどうであったか。満州国は五族協和の理想のもとに、ユダヤ人差別はなかった。ハルピンには、一九三七年頃に五千人のユダヤ人が住んでいたという。(ただし、白系ロシア人による反ユダヤ感情や悪意ある行動はあった)

満州里《マンチュリー》に押し寄せるユダヤ難民

シベリア鉄道の旅は、非常に困難であった。冬季は零下三〇度を超える厳寒の中、ソ連官憲の厳しい監視下で二週間以上を過ごさなければならない。そしてやっとたどりついた満州国。国境の町満州里《マンチュリー》で入国手続をし、切符を買って満鉄に乗り換えるのだ。まず満州里ＪＴＢで切符を求めるのだが、充分なお金がない人もいた。哀れに思った職員たちは、差し出された時計や宝石などをポケットマネーで買いとったという。

一九四〇年になると、一度に百人以上の難民が到着するようになる。三、四人の職員ではとうてい間に合わない。そこで、当時の満州里ＪＴＢ所長・上野破魔治氏は、彼らを一キロほど離れた中国人の質屋へ連れていき、持ち物を入質して切符代を捻出させてあげた。

満州里のＪＴＢ事務所へ押しかけたユダヤ難民

満州国外交部では、押し寄せるユダヤ難民に対し、ほとんど無条件で滞在ビザを発行した。人手が足りず、ＪＴＢ職員もビザの発給を手伝うことになった。

「難民のパスポートにビザの印をぽんぽん押して、いい加減な字で外交部長（外相にあたる）のサインをさらさらっと……」と上野氏は語っている。

当時の状況を調査した伊藤明氏は言う。

「続々とユダヤ難民がやって来るので、とにかく早く通過させてあげよう、というのが実際のところでしょうね。外国人を親切に世話をするジャパン・ツーリスト・ビューローの創業精神は、職員の中に生きていたんですね。困っている外国人を助けるのは当然、という感覚だと思います」

一九四一年六月の独ソ開戦によって、シベリア鉄道は運行停止となる。こうしてユダヤ人脱出の最後のルートも断たれてしまった。三八年三月から満州に逃れてきたユダヤ難民は、五千人にのぼると推定される。

満州里で無事切符を手に入れた人々は、浜州線で二十四時間かけてハルピンへ向かった。この列車にはＪＴＢ職員が添乗していた。彼らは乗客の世話をしながら、シベリア鉄道沿線の情報収集の任にも当たっていたようだ。このような情報収集は、満州を経由してきた旅客を対象に、シベリア内でソ連内務省管轄下の旅行社インツーリストがもともとやっていたらしい。

ウラジオストクから日本海を渡る

日本を経由してアメリカやカナダへ移住しようとする難民たちは、まずウラジオストクから敦賀へ渡るルートを選んだ。船は必ずしも定期に運行されず、多くのユダヤ難民は港に足止めを食らった。

一九四〇年十二月から翌年三月まで、日本海を二十数回往復したＪＴＢの大迫辰雄さんは、次のように回想している。

「天草丸は船齢二十八年とか、二千トンというから大きい船とは言えない。三等の収容数は常識的に二百名というところだったろう。実際は復路のユダヤ人輸送に当たっては四百名ほどが乗船してくることが多かったようである」

敦賀にユダヤ難民を運んだ天草丸

この日本海横断には片道二泊三日かかり、特に海の荒れる冬季は大変な航海を強いられた。大迫さんはこう続ける。

「横揺れはまだいいが、縦揺れになると船がミシミシと音を立て、身体ごと船と一緒に沈んでいく気がして、とても眠れたものではなかった。

もちろん、そんな状況では食堂で食事はできない。用意した皿、調味料台などがテーブルの上を前後左右にすっ飛び、万事休す。船客はほとんど船酔いで出てこない」

しかし、ウラジオストク港を出ても、ソ連船は監視のために伴走してくる。しかし公海上に出ると、ソ連船は帰っていった。自由の味は格別だ。

その瞬間、歓声が上がった。みな手を取り合い抱き合って喜ぶ。ダンスを踊る者もいる。誰からともなく「ハティクヴァ」を歌い始め、甲板は大合唱に包まれた。

われらの希望は失われることはない
その希望とは
われらが自由の民となって
祖国シオンとエルサレムの地に住むこと

「ハティクヴァ」は〝あの希望〟という意味で、現在、イスラエル国の国歌として愛唱されている。

ついに日本に到着！

本国の指示に背いたといわれるビザなら無効のはずだが、杉原ビザは、日本の役人から拒否されることはなかった。この点に注目したい。

ユダヤ難民たちが、生まれて初めて上陸した日本の土地は、北陸の小さな港町敦賀であった。そこで迎えたのは、入管・税関の係員のほか、ＪＴＢの駐在員もいた。

当時、アメリカのユダヤ人協会の経費負担によって、同胞が渡米するための協力をＪＴＢに依頼していたのである。アメリカに親戚や知人がいる難民のリストをＪＴＢに送り、名簿と照合できればその難民に一人あたり二四〇円を渡す。所持金不足のために入管できない者が多かったので、この見せ金で入国できるようになった。

ところが名簿に載っていない人もあり、その場合は、神戸から来ていたユダヤ人協会の責任者が滞在費を支払うことも多かった。

ＪＴＢの職員は、膨大なネームリストから難解な綴りのチェック、数百人がごった返す中でのお金の引き渡しなどに、大変苦労した。前出の大迫氏はこう述べている。

「私たちのこうした斡旋努力とサービスが、ユダヤ民族数千の難民に通じたかどうかは分からないが、私たちは民間外交の担い手として、誇りをもって一生懸命に任務を全うしたことは確かである」

敦賀には、短期間のうちに約六千人の難民が到着した。彼らが残した数多くの回想録には、敦賀に着いたときの安堵と感謝の言葉が記されている。もうおびえ続ける必要はない。敦賀の庶民は温かく迎え、食べ物を無料で差し出す人もいた。そして難民たちは東京・横浜・神戸などに向かっていった。

大量のユダヤ人難民が到着したのを受けて、当時の新聞は「流亡のユダヤ人洪水」「薄汚れたオーヴァに破れ靴のうらぶれた姿」などと報じている。戦後、そうしたユダヤ人たちは、日本人の親切と行為を忘れていない。

杉原千畝氏だけではなく、ＪＴＢ職員ほか多くの無名の日本人たちが、ユダヤ難民の脱出の「旅」を助け、支えていたのである。

研究』（一九五六年）で日本の民謡の意味不明な囃子詞《はやしことば》がヘブライ語を語源とするという説を唱えた。伊勢音頭で「サーサ　ヤートコセー……」は出エジプト記一五章の、モーセの姉ミリアムが歌った紅海の歌だとした。

「虎の巻」は、トーラーの巻の意味だろうというユダヤ人がいた。虎の巻は、れっきとした中国の兵法書『六韜《りくとう》』の虎韜《ことう》の巻である。秘伝書の意味から、解説本のことを虎の巻と言うようになったのであって、トーラーとは全く無関係である。

「日本人こそイスラエルの十部族の子孫」と信じているヨセフ・アイデルバーグというイスラエル人の、『日本書紀と日本語のユダヤ起源』（徳間書店）という本が最近、刊行された。その根拠は、日本書紀と聖書が似ていると説明し、ヘブル語（ヘブライ語）起源の日本語＝精選五〇〇語を一挙掲載したと自慢している。しかし、一見して漢字でできた日本語の単語をヘブル語としたり、カタカナやひらがながヘブル文字起源だと主張したりするにおいては、この本全体が眉唾ものだと明らかにしてしまう。たとえば、日本語のあんうん（暗雲）とヘブライ語のアナーン（雲）を類似語だとする。

このような「類似点」をあげてくるのは、日本語を知らないユダヤ人か、ヘブライ語を知らない日本人である、というベン・アミー・シロニー教授の批評がまさにぴったりである。

2「神道とユダヤ教の類似点」の物証

神社と神殿の類似は、マクロードがすでに指摘したが、いまだに学術的に検証するに値するとは思われていない。日ユ同祖の証拠にはつながらない。

皇室の「菊の御紋」とエルサレムのヘロデ門の紋章が似ているとの説。菊の御紋は、鎌倉時代に後鳥羽上皇が菊を愛されて、ご自分の紋章とされたのが始まりで、皇室の紋章になったのは新しく、時代考証的にもヘロデ門の紋章とは無関係だ。

伊勢神宮の参道（実は、神宮の管轄外の県道）にある灯籠に「ダビデの星」が刻まれている。ダビデの星がユダヤ的シンボルとなったのは、中世以降で、古代ユダヤ人の渡来の痕跡という主張は当たらない。日本でも「カゴメ紋」として用いられてきた。伊勢神宮の灯籠は、戦後建てられ寄贈されたもので、神社自身は無関係と言っている。伊勢神宮を参拝して、そこの清浄な雰囲気に感動したユダヤ人が灯籠の「ダビデの星」を見てさらに感激したという話を聞くが、それでもって伊勢とユダヤを結びつけないでほしいものだ。

エルサレム・ヘロデ門

伊勢神宮の「八咫《やた》の鏡」の裏にヘブライ文字

校側に彼のキリスト教信仰に疑問を抱かれたが、なんとか卒業させてもらう。

一九二三年（大正十二年）、北海道の旭川教会に牧師（教師試補）として赴いた。もっぱら旧約聖書を語ったようである。寒冷地で逆に、健康を取り戻し、結婚などあきらめていたのに、心変わりをした。ここで生涯の伴侶を得たのが、旭川時代の最大の収穫かもしれない。二年後に、岐阜の教会に移る。しかし、キリスト教の教職でありながら、三位一体の教義などに不審を抱くのだから、長くは続かない。旧約聖書をもっと勉強したいと、米国留学を志した。

妻と幼い長女を同伴して横浜港から旅立ったのは、一九二七年（昭和二年）の春だった。ニューヨーク近郊のオーバーン神学校で、特にヘブライ語、セム語を勉強する。一年半して、西海岸の加州バークレーにある神学校、パシフィック・スクール・オブ・レリジョン（ＰＳＲ）に移った。Ｗ・Ｆ・バーデという聖書学者のもとで、旧約と語学の研鑽に励み、一九三一年、「セム文字の起源及び変遷」という論文で博士号を取得した。

米国において、小辻と、ユダヤ教やユダヤ教徒との関係は、それほど深く発展した様子はなかった。それでも、サンフランシスコで、ユダヤ教改革派のシナゴーグを見つけて安息日にはそこに通った。ヘブライ語の祈祷書を読んでみせて、びっくりさせる。長老派の牧師でありながらキリスト教会には滅多に行かなかった、と告白している。

教師として

一九三一年（昭和六年）九月サンフランシスコを出航し、小辻一家は五年ぶりに日本に帰国した。偶然にも、青山学院大学が旧約聖書とセム語を教える人を探していた。一般の大学で古代史を教えたかったが、不況の時代で、どこもそんな講座はつくる余裕はない。彼は、青山学院講師の職に就いた。それからの二年間、人生のうちで最も穏やかな日々を送ったという。

しかし、それは嵐の前の静けさだった。波のような試練が待ちかまえていた。米国で次女が生まれていたが、帰国の翌年、三女が生まれた。ところが、その翌年、一九三三年突然に幼い長女が発病して、急死した。悲しみが癒える間もなく、小辻自身が腸チフスにかかって倒れ、強制入院させられる。大学の仕事は終わりになった。体が回復するのに、三、四カ月かかった。

すると、今度は、夫人が肋膜炎で病床に伏せった。病み上がりの小辻は、妻の看病と子供の世話と家事を引き受けざるを得ない。なお、こんな時に腹痛が起こりだし、慢性虫垂炎と診断される。手術を受けたくても、家を離れられない。

失業している身で、生活の立て直しを真剣に考える必要もあった。貧窮が顔をのぞく。

良いこともあった。あまった時間を利用して、ヘブライ語の文法書を書きだした。幸い日本語の書物はまだ無い。まず原稿を仕上げた。

逆境に見舞われ、一年の時が過ぎた。小辻は熟考した。どこかの大学で旧約聖書やセム語を教えたかったが、その場がない以上、江戸時代の儒者が私塾を開いて弟子を集めたように、またユダヤ教の古代の偉大な教師（ラビ・ヨハナン・ベンザアカイ）が国を失った後に学塾を守ったように、独力で学校をもてばよい、と決意した。

大胆な発想転換で、小辻は少数の友人の助けを借りて、「聖書原典研究所」という名で、ヘブライ語の教室を開設した。一九三四年（昭和九年）十月、銀座の聖書館八階にあるホールで夜学校が始まった。（聖書館は、現在も教文館と同じビルで、健在である）

キッパーをかぶり祈祷書を読む小辻師

少数の学生が集まった。しかし、やがて彼の熱情は神学生や東大生など多くの学生を惹きつける。ヘブライ語ばかりでない。キリスト教神学に縛られることなく、旧約聖書を教えることができて、幸福であった。さらに、彼は日本で最初のヘブライ語文法書、『ヒブル語原典入門』を二年目の一九三六年末に、出版することができた。

しかし、小辻を嫉妬するキリスト教会の教職らは、妨害の挙に出た。聖書館のホールを使用禁止にさせたのである。しかたなく、場所を別に移して、彼はどこであろうと構わず教え続けた。

ヒブル語原典入門

なお、関根正雄（後に著名な旧約聖書学者となる）は小辻の生徒の一人であり、彼に誘われて、井筒《いづつ》俊彦もヘブライ語を学びに来ていた。後に井筒は、日本のイスラム学の権威として世界中に知られた学者となった。当時の日本には、まともにヘブライ語を教えてくれる所は他になかったのであろう。

ユダヤ通の専門家として

さて、世界や日本は、学究的な小辻の歩みに意外な影響を及ぼす情勢が進行していた。ヒトラーのナチス党がドイツを支配し、反ユダヤ主義の政策が実行されていくと、ユダヤ問題が日本の政財界の関心を引きださずにおかない。

これ以前に、大正年間にシベリア出兵で、ロシアのユダヤ陰謀論の宣伝に触れた軍人は研究を始めて、少数ながら、ひそかにユダヤ問題の専門家が登場していた。自称、ユダヤ専門家も現れたが、あやしげな陰謀論あるいは日ユ同祖論を信じる輩《やから》だった。

ユダヤ問題を調査研究する「国際政経学会」という組織が一九三八年のある日、小辻に協力を求めてきた。彼も首をつっこむが、しばらくして、不審に思った。どこからか多額の資金がつぎ込まれているようであり、組織の性格が非常に反ユダヤ主義であることに気がついた。「国際秘密力の研究」という不定期雑誌を刊行していたが、ドイツ大使館の提供する反ユダヤ主義文書の翻訳が多く載っていた。

当然、小辻は身を引いた。

次に、もっと驚くべきことがやって来た。一九三九年の一月頃、小辻の元に南満州鉄道株式会社（いわゆる満鉄）の松岡洋右総裁より、彼の顧問として働いてほしいとの招聘状が届いた。ユダヤ問題の専門家としての能力を期待されたのである。満州とは今の中国東北地区で、満鉄は日本の国策会社であった。

小辻は最初、それを断った。自分の聖書原典研究所に満足していたし、学識を売り物にするのは学者としての潔癖が許さなかった。彼が断ると、月給を上げてくる。何度もそれが繰り返された。松岡はそれだけ熱心だった。

当時、ナチスの迫害から逃れて極東にもユダヤ人がやって来つつあり、また、満州にはロシア系ユダヤ人も多く住んでいる。ユダヤ人への危機が迫っていると思ったとき、小辻は、ユダヤ人に助けの手をさしのべる機会になるかもしれない、と考え直した。聖書の民への愛が彼を促した。小辻が、了承の返事をしたときには、月給の額が最初の三百円から五百円まで上がっていた。破格の待遇である。一流会社の社長級であった。

満鉄総裁のユダヤ関係顧問として

満鉄の本社のある大連に赴任したのは、一九三九年（昭和十四年）も十月中頃だった。直ちに、松岡総裁の元に出頭する。松岡は、外交官出身で、交際連盟脱退、日独伊三国同盟締結、日ソ中立条約締結などで重要な役をした戦前の政治家である。親ドイツと見なされていた。そこで小辻は、ユダヤ人に対する松岡の見解を尋ねた。

松岡は「私は反共の協定は支持するが、反ユダヤには賛成しない。この二つは全く異なる。この点、日本は明確にしなければならない」と答えた。

小辻の役目は、彼に助言を与え、ユダヤ人とのパイプ役になることだった。満鉄総裁室および調査部付きの嘱託となって活動するが、彼にとってはユダヤ人との実際的交流ができた幸運の時代であった。

その年、一九三九年十二月二十三日には、第三回極東ユダヤ人大会が予定されていた。すでに、三七年、三八年に開催された。小辻は、満鉄を代表して出席し、ヘブライ語だけで短い演説をした。ユダヤ人は感激して、立ち上がって拍手喝采した。

ヘブライ語を話した日本のヘブライ学者の存在は、極東のユダヤ人に知らされ、エルサレムの新聞にまで報道された。これが機縁となって、満州のユダヤ人に多くの友人を得ることができた。そして、彼の満鉄における仕事もやりやすくなった。

満州のユダヤ人については、別の機会に述べたい。彼の活動についても、詳しく知る資料は残っていない。小辻の自伝には、彼は象牙の塔から出て、世俗の社会の現実を学ぶことになったこと、大きな事柄に参加したこと、ユダヤ民族やユダヤ教について身近に接することができたこと、などを貴重な体験として述べている。

一九四〇年（昭和十五年）七月、松岡は、第二次近衛内閣の外務大臣に就任し、満鉄の総裁を辞めた。小辻も、顧問の役を終えて、満鉄を退職して、日本に帰国した。

杉原ビザの後始末

今度こそは、好きなユダヤ研究の生活に戻れると小辻は思った。満鉄から潤沢な退職金をもらった。鎌倉の静かな海岸近くに居を構え、家族との生活も楽しみにした。

二週間目に、突然、電報が届いた。神戸のユダヤ人の指導者から、東京で会ってほしいとの依頼である。そのとおり会って話を聞くと、神戸に次々とユダヤ人の難民がやって来る。主に、リトアニアの日本領事館が出したビザで、シベリア鉄道に乗り、ウラジオストクから船で敦賀に着き、汽車で神戸まで辿り着いた人々だという。

問題は、そのビザが通過ビザで、日本での滞在許可はわずか十日間しか無く、中にはビザ無しで敦賀まで来た者もあり、下船が許されず、ウラジオストクに送り返される。

神戸のユダヤ人協会は、小辻の存在を満州での活動から聞き知っていた。ビザの延長を許可してもらえるよう、日本政府に交渉してほしいと、小辻に頼み込んだのである。

小辻は、それが容易なことではないと知っていた。ドイツ大使館は執拗に反ユダヤの宣伝をし、反ユダヤの空気も政界や軍人の間にはびこりつつある。しかし、努力はしてみよう。「義を見てせざるは勇無きなり」と武士道精神にふるい立ち、また、聖書の言葉が彼を励ました。

毎日のように、東京の外務省に通って、訴えた。ついに、役人から「もう来るな」と脅された。失望の末、最後に残った切り札に賭けた。満鉄時代の上司、今は新任の松岡外務大臣に会うことだった。

松岡は、小辻を外務省から離れた静かなレストランに誘いだし、「友人として」と言って助言した。「小辻博士、外務省はすでに政策を決定したので、それは動かせない。どんなに陳情しても無駄だ。だが、難民のビザ延長は神戸の出先機関でできるかもしれぬ。外務省は見て見ぬふりをする」

小辻はそのまま神戸に駆けつけた。取り組むべき問題は明らかだ。神戸の役人をまるめ込むことだが、資金が要る。ユダヤ人の救助資金は万が一知られた場合、危険だ。ふと金持ちの義兄のことを思いだし、大阪まで飛んで、説得して、三十万円（彼の手記のママ）を借用する。さて、あからさまな買収も危険である。どうしようか。神戸にとって返して、最高級のホテルに泊まり、警察に自分はユダヤ問題に精通する者だと自己紹介した。そして、幹部を一流の料亭に招き、大盤振る舞いの接待をした。三日目に、初めてユダヤ人のビザのことをほのめかした。

問題は解決された。難民のビザ延長は許可され、定期的に書き替えられた。それからの数カ月間、小辻は毎週一、二度、鎌倉から神戸に通うが、警察は彼の親しい友人となり、接待に預かるという楽しみを得た。小辻は、ユダヤ人協会と絶えず接触し、すべてが順調にいっているかどうか、気を配った。警察は難民に寛大で、いろいろの救助の手を差し伸べてくれた。

ユダヤ難民が次の安住の地を見いだして出国するまで日本での居住許可を必要なだけ与えられたのは、小辻のおかげだった。

小辻は、当局との窓口になって通訳したり仲介したり、陰になってユダヤ難民を支援したが、彼自身もユダヤ人の友人を得て、ユダヤ教徒の信仰や考え方、実際生活に触れることを悦びとした。難民のリーダー、バルハフティクは、小辻と親しく宗教や哲学、日本史やユダヤ史について語り合ったという。

四一年の春頃から、難民は減ってきて、秋にはほとんど日本の地を去った。やっと平穏な日々が彼に戻ってきたかに見えた。

戦中と戦後——東京からエルサレムへ

ところが、一九四一年（昭和十六年）十二月八日、日本は米英との戦争に突入した。小辻の戦時中は、反ユダヤ主義との戦いに巻き込まれた時代である。

ユダヤ問題の無かった日本に、ユダヤ禍を吹き込んだのはドイツ人であるが、そのお先棒を担ぐ日本人がいた。国際ユダヤの陰謀が日本を危険に陥れようとしていると言って、白鳥敏夫（元駐イタリア大使）なる人物が反ユダヤの宣伝に講演して回る。毅然と立ち上がった男がいた。石橋湛山（当時、東洋経済新報社社長。戦後に首相）は小辻を見いだして、正しいユダヤを伝える逆宣伝の講演旅行を企てた。民間人への鉄道利用が制限されて、数カ月で終わったが、暗い時代に正義の人もいたものである。

今度は文字で訴えようと、小辻は『ユダヤ民族の姿』（一九四三年二月刊）を出版した。正しいユダヤ事情を書き綴った本はよく売れた。出版後、特高警察が鎌倉の自宅に訪ねてきた。彼を監視していたのである。

四四年の秋、小辻は玄関に張り紙があるのを見た。「憲兵隊本部に出頭されたし」。東京の憲兵隊本部では若い少尉が彼を取り調べ、ユダヤ・スパイ網を告白せよと、拷問をもって迫った。ありもしない嫌疑である。苦痛にあえぐとき、満州時代の友人である大佐が突然現れて、救いだしてくれた。小辻は詩編二三編を唱えて、神に感謝した。

小辻は、身の危険、家族の安全のことを思うと、満州に移住することに決心した。四五年、家族を連れて、ハルピンを目指した。なんと到着したころ、日本の敗戦を聞いた。それ以降は、生き残る戦いであった。幸い、ハルピンのユダヤ人に助けられ保護されて、日本に帰ってくることができた。

戦後の生活に苦労した。その中にあっても、ユダヤ教への思いは募るばかりであった。長いスピリチュアル・ジャーニー（こころの旅）はとうとうイスラエルに至った。

一九五九年九月、小辻はイスラエルにおいてユダヤ教徒になるための厳しい質問を受けていた。そして、改宗を認められ、九月二十日、エルサレムのシャアレ・ツェデク病院において割礼式を受けて、「アブラハム・コツジ」と名乗る正式の正統派ユダヤ教徒となった。ユダヤ人の友人に囲まれて温かい祝福を受けた。その中には、もちろん、神戸で世話をした元ユダヤ難民だった人々もいた。

小辻の改宗は、新聞雑誌に載り、ユダヤ人の間に驚きをもって知らされたが、もちろん日本ではニュースにならなかった。

ユダヤ教に改宗後、小辻は、英文の自伝を残している。*"From Tokyo to Jerusalem"*(東京からエルサレムへ)と題して、「ユダヤ教に改宗した日本人の自伝」と副題をつけた。(発行 Bernard Geis Associates,1964)

一九七三年十月三十一日、小辻は鎌倉で逝去した。遺言により、遺体は空輸されてエルサレムのハル・ハメヌホット墓地に葬られた。ちょうどヨム・キプール戦争の直後の大変な時期であったが、宗教大臣となっていたバルハフティク(ユダヤ難民のリーダーで親友になった)が恩返しの世話をしたのは言うまでもない。

数奇な運命の旅路を勇敢に、そして真実に歩んだ真の日本人であったと心から敬意を表したい。

Ⅲ　ユダヤ民族への日本の反応

河合一充

9章　シオニズム運動と日本（上）

——戦前の日本政府はシオニズムを支持した

戦前から、イスラエルと日本は意外なところで関係があった。日本の外交は、戦前は少数エリートの外交官によって担われてきたため、良いことも悪いことも国民に知られずに終わっていることが少なくない。実は日本政府が、イスラエル建国を目指すシオニストの外交努力に支持を与えていた。この事実は、戦後長く続いた親アラブ政策の陰に隠れてしまったのか、忘れられている。ユダヤ人にも日本人にも知ってもらいたいエピソードである。

シオニズムはユダヤ教に由来する

シオニズムとは、紀元七〇年に国を失って世界に離散していたユダヤ人が祖先の地パレスチナに帰還しようという思想であり、また具体的な運動を指す。一口にシオニズムと言っても、いろいろの考え方や思想、運動がある。簡潔に説明できるものでないが、歴史を振り返って最も大事な側面を指摘したい。

シオニズムは「シオン」という言葉から由来するが、シオンは旧約聖書の中でエルサレムと同義語に用いられる言葉で、広くはユダヤ人の国のシンボルとして用いられる。

ユダヤ人が国を失っても、民族として同一性を保ってくることができたのは、彼らの宗教、ユダヤ教のお陰であった。ユダヤ教は、民族が必ず祖国に帰り繁栄する日の来ることを、神の約束として教えていた。ユダヤの人々はシオンに帰還することを二千年間祈願してきたのである。

この宗教的情熱がシオニズムの根底にあることを銘記しなければ、なぜシオニズムが世界中の多くのユダヤ人の心を動かしたか、理解できなくなるだろう。他の民族運動との違いはここにある。

二千年の間、パレスチナからユダヤ人が全く立ち去ったことはなく、少数ながら、パレスチナに住み続け、あるいは、ユダヤ人が帰還する動きが歴史の中で何度かあった。

たとえば、キリスト教徒からの迫害でスペインを追放された人々やカバラーの神秘主義を信奉する人々の移住などで、ユダヤ人口移動は宗教的な理由が一番大きかった。

トルコ帝国がパレスチナを支配した時代は、辺境の地として顧みられず、衰退し、経済的にも魅力の無い地域となった。しかし、ユダヤ人には依然として大切な聖地であった。

四つの町、エルサレム、ヘブロン、ツファット、ティベリヤは聖なる都市で、ユダヤ人の人口が多かった。

十八世紀にユダヤ教の神秘主義ハシディズム運動が東ヨーロッパで興ると、その信者の一部がパレスチナに移住した。熱心な宗教家がシオニズムの先駆けをしたのである。ただし、彼らは後のユダヤ人とは異なり、まだ国造りに励むわけではなかった。

十九世紀になると、別のタイプの帰還者が現れた。ただ聖地で祈り骨を埋めるためではなく、ロシアや東欧のユダヤ人迫害を逃れて、ユダヤ人がユダヤ人として生きることのできる共同体を建設することを願った、非宗教的な若者たちの集団だった。不毛の地をアラブ地主から買い取っての、開拓から始まった。

パレスチナの開拓者（1897年）

もちろん、パレスチナは当時、強大なトルコ帝国の領土であったから、自分たちで独立国家を持とうなどとは、夢にも思わなかった。何度も絶望にくじけそうになるが、祖先の地に帰って大地を耕すことは、彼らにとって聖なる行為であったに違いない。このような自発的な帰還がシオニズムの始まりだった。

〝預言者〟ヘルツェル

シオニズムを、国家を目指す政治運動として位置づけたのは、十九世紀末、ハンガリーの新聞記者テオドール・ヘルツェルだった。彼は、ユダヤ人が西欧社会に受け入れられて差別なく自由に生きられるものと信じていた一人だった。当然、宗教とは縁遠い同化ユダヤ人である。その人物がシオニズムの預言者のように活躍したのだから、ユダヤの歴史は不思議なものである。

（注・彼の名Herzlは、ハンガリー語で「ヘルツル」だが、ヘブライ語で「ヘルツェル」と発音される慣習に従った）

ヘルツェルがウイーンの新聞「ノイエ・フライエ・プレッセ」のパリ特派員として活動をしていたとき、一八九五年、ユダヤ系のフランス軍大尉が無実で、機密漏洩の罪を着せられるというユダヤ人迫害の事件を目撃した。後に文豪のゾラが、『私は弾劾する』を新聞紙上に書いて、擁護に立ち上がったという有名なドレフュス事件である。

彼は、西欧の文明国に潜む「ユダヤ人問題」に直面して、愕然と目覚めた。結局、ユダヤ人は自分たちの国を持たなければ迫害から逃れない運命にあると悟った。そして、彼のビジョンを『ユダヤ人国家』という書物に書きあげた（一八九六年）。彼の友人は余りに

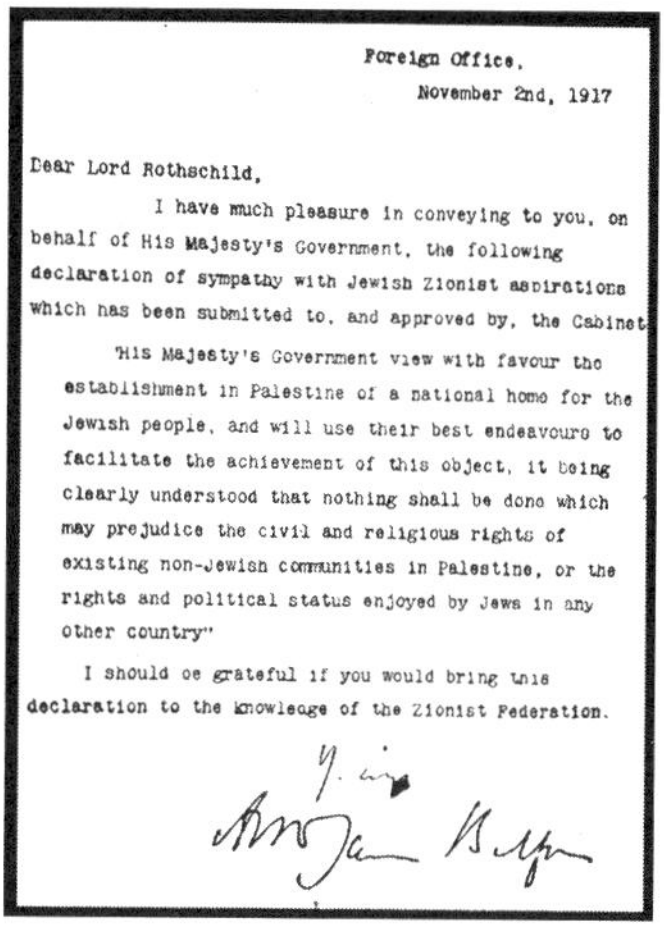
Foreign Office,
November 2nd, 1917

Dear Lord Rothschild,

I have much pleasure in conveying to you, on behalf of His Majesty's Government, the following declaration of sympathy with Jewish Zionist aspirations which has been submitted to, and approved by, the Cabinet.

"His Majesty's Government view with favour the establishment in Palestine of a national home for the Jewish people, and will use their best endeavours to facilitate the achievement of this object, it being clearly understood that nothing shall be done which may prejudice the civil and religious rights of existing non-Jewish communities in Palestine, or the rights and political status enjoyed by Jews in any other country"

I should be grateful if you would bring this declaration to the knowledge of the Zionist Federation.

バルフォア宣言

も現実離れした話に、彼は気が狂ったのかと思ったほどである。しかし、ヘルツェルは世界のユダヤ人に声をかけて、第一回シオニスト会議を開く。ときに、一八九七年、スイスのバーゼルにおいてであった。

ヘルツェルの構想は、国際法に守られて移住許可を得て、パレスチナに郷土を建設することであった。それまで世俗的なユダヤ人だったヘルツェルが、シオニズム運動の先駆者として突き進む姿は、まるで古の預言者のように皆に映った。トルコ帝国や列強諸国の指導層に働きかけ、祖国再建の夢に全力を捧げた彼は、わずか数年で燃え尽きたように、一九〇四年に世を去る。

ワイツマンとバルフォア宣言

ヘルツェルのシオニズムは、その後、ユダヤ民族運動の主流となっていく。ヘルツェルのあと、頭角を現して指導者となったのは、ロシアから英国に移住したハイム・ワイツマンという化学者だった。（のちにワイツマンは、イスラエル建国後、初代大統領となる）

シオニズム運動は、世界を舞台とする政治折衝とパレスチナにおける開拓との二本立てで進んでいった。

第一次世界大戦が一九一四年に勃発した。トルコはドイツ側につき、英国・フランス・ロシアは連合国となって、パレスチナや中東も戦場になる。英国ははパレスチナのトルコ軍を駆逐して、占領することに成功した。有名なアラビアのローレンスの率いた「アラブ反乱」もこの時代のことである。

英国においては、ワイツマンが大きな仕事をする。英国政府に働きかけて、「バルフォア宣言」を出させたのであった。外務大臣バルフォア卿の名において、ロスチャイルド卿宛てに「パレスチナにユダヤ民族の郷土（ホーム）を建設すること」に賛成するという書簡を得た。英国政府はその目的を達成するために最善の努力をはらうという内容であるが、バルフォア宣言は英国政府の閣議を通過した公式のものである。

その日、一九一七年十一月二日は、紀元七〇年にユダヤ人国家が滅んでから、初めて国家再建の希望が公に国際社会に認知された、ユダヤ民族にとって最も画期的な日であった。

ハイム・ワイツマン

パリ講和会議に日本も参加

ワイツマンの努力はなお続いた。第一次世界大戦が終了し、舞台は一九一九年、パリ講和会議に世界の注目が集まった。シオニズムと日本とはここで外交上の出合いが始まる。日本は、日露戦争を経て、列強の仲間入りし、日英同盟のもとに連合国側について、第一次大戦に参戦した。明治維新で開国してから、まだ五十年も経っていない頃である。日本も大戦後の講和会議に参加した。おそらく我が国の歴史始まって以来、最初の大国際会議であろう。

ワイツマンは、まず英国駐在の日本大使に近づいた。大使は珍田捨巳《ちんだすてみ》といった。津軽藩士出身（今の弘前市）の外交官で、米国留学の経験のある、素晴らしい英語力の持ち主であった。日本はパリ講和会議に五人の全権委員を送った（首席は西園寺公望）。実務は、主に珍田大使と牧野信顕・枢密院顧問官でこなした。

珍田捨巳

パリ講和会議では、米国のウィルソン大統領の提案によって国際連盟がつくられることになった。日本は、国際連盟の規約に「人種平等条項」を盛ることを主張したが、珍田のエピソードは、この会議で米国のウィルソン大統領と激論を交わしたことである。米国の大統領や英国のロイド・ジョージ首相から、珍田は「ファイター」と呼ばれるほどであった。残念ながら、人種平等の主張は文案に載らなかった。

ところで、ワイツマンは、珍田大使に「日本政府がバルフォア宣言を保障する」よう求めた。求めに応じて、珍田は、「日本政府はパレスチナにユダヤ人のための国家を建設せんとするシオニストの強い願望を喜んで受け入れ、提案された要求が実現されることを期待し楽しみにしている」と回答している（一九一九年一月六日）。

余談だが、外交官としての珍田は、着任国において人望厚く信頼を勝ち得た人物であった。また、ワイツマンは第二次大戦後の国連でも偉大な働きをしていることは、あまり知られていない。もっと評価されるべきであろう。

サンレモ会議

第一次世界大戦は、中東に長く続いたオスマン・トルコ帝国の支配を終わらせた。戦勝した連合国が旧トルコ帝国領の処分を討議するために開いたサンレモ会議（一九二〇年、於イタリア）には、英国、フランス、イタリアと共に日本の代表も参加した。

会議は、アラビア半島以外の旧トルコ領のアラブ地域を英国とフランスの委任統治下に置くことを決定した。特に、バルフォア宣言に基づいてその実現を果たすために、パレスチナは英国の委任統治領とされた（この会議は、あからさまに言えば、英仏の談合の場であった）。サンレモ会議の内容は、一九二三年、国際連盟理事会で承認された。

日本は、サンレモ会議を通して、シオニズム運動を後押ししたことになる。それを日本が十分に理解し、また国益にかなうと判断して支持したのかどうかは、不明である。日本政府がその後、ユダヤ人の国家再建に力を貸したかどうかも、わからない。実際、なかったと言ったほうが正解であろう。英国も実際にはアラブ人に譲歩して、ユダヤ人に実質何の援助もしなかった。

ワイツマンのシオニスト側は、国際社会からの認知がまず第一の政治目標であったので、日本のバルフォア宣言賛意はそれだけで感謝するに値した。日本の外交史にも目立たない事項ではあったが、ユダヤ側の反応は、予想以上であった。

上海のユダヤ人社会について

日本とシオニズム運動とは、上海のシオニスト協会を通じて交流があった。短く紹介しよう。

旧サッスーンハウス（上海）

十九世紀半ばから東アジア最大のユダヤ人社会が上海に誕生しつつあった。英国の植民地のアジア方面拡大と共に、イラク（ここも英国の影響下にあった）出身のユダヤ人がインド各地、シンガポールに進出していき、アヘン戦争以降、一八四八年に開港された上海にユダヤ人商人の居住区が出来ていった。

上海のユダヤ人社会は、その由来から、いわゆるスファラディー系の富裕な家族が多く、例えばサッスーン、カドーリ、ハルドゥーンなどの家族が財閥をなしていた。第一次大戦前で人口約七百人を数えた。一九一七年ロシア革命を逃れたユダヤ人が上海に来ると、人口は一気に増え、さらに、三〇、四〇年代ナチスドイツの迫害で脱出した人々で、二万五千人にもなった。杉原ビザで助かった難民の移住も少なくない。

上海にシオニスト協会が誕生したのも早かった。一九〇四年に創刊された英字雑誌『イスラエルの使者（*Israel's Messenger*）』は、シオニズム運動の機関誌の役を果たした。それは一九三六年、発行者の上海シオニスト協会名誉書記、ニッシム・E・B・エズラの亡くなるまで続いた。この雑誌を通して、日本とシオニズムとの関係がわかる。

シオニスト運動支持

サンレモ会議の後、一九二〇年（大正九年）五月、日本政府（原敬内閣）は外務大臣・内田康哉《やすや》の名で同協会に祝意を伝える電信を送っている。「二千年来の強い願望の達成を心からお祝い申し上げます。あなた方の運動の進展を鋭意関心をもって見守ります」と。日本政府の友好的支持は、上海のユダヤ人に感謝をもって迎えられた。内田外務大臣は、日本人として初めてユダヤ国民基金の『ゴールデンブック』に名を書き込まれた（一九二二年）。上海シオニスト協会の推薦であった。

内田は、熊本藩士の家に生まれ、横井小楠の弟子・嘉悦氏房の私塾に学び、外交官となって陸奥宗光の懐刀として活躍したり、五代の内閣で外務大臣を務めたりした大立て者である。後に日本が国際連盟を脱退したとき、松岡洋右を派遣したのは、内田外相であった。

日本政府は、その後も、シオニズム運動への支持を表明している。

バルフォア宣言十周年目の一九二七年、田中義一総理兼外務大臣が上海シオニスト協会に「シオニストの組織が堅実に進展し、ユダヤ人の国家的制度がパレスチナで成立してめざましく発達したことに心からお祝いを申し上げる」とのメッセージを送った。

一九二九年十二月、幣原喜重郎外務大臣がバルフォア宣言十三年目の記念日に『イスラエルの使者』誌に祝意を送った。

アラブ暴動に際して

当時パレスチナにおいて、英国委任統治の下にユダヤ人の国家建設が進められていくはずだったが、英国政府のサボタージュとアラブ側の妨害活動でユダヤ人は苦闘していた。一九二九年にはアラブの大暴動が起こった。

一九三〇年一月三日の『イスラエルの使者』誌は、国際連盟事務次長の杉村陽太郎（新渡戸稲造の後任を務めた外交官）が上海に滞在中であったので、彼とのインタビュー記事を載せている。杉村は次のように語った。

「無法はパレスチナでは許されない。ユダヤの人々は自分の国への義務を緩めるべきではなく、その偉大な仕事を前進させなければならない。私自身ユダヤ民族精神の復活の大変な信者である。我が国があなたがたの長年の夢が実現すべき機会をあなたがたに保障することを誓ってきた。我々はあなた方が外部の援助なくして十分に独立できるまで、あなた方を決して見捨てようとは思わない。……

私は世界史でユダヤ人が演じてきた重大な役割と、私たちがユダヤ人から恩恵をこうむってきたことを十分に承知している。アインシュタインやその他の偉人はユダヤ人の非凡な才能の所産である。私たちはあなた方の期待に背くようなことは決していたしません」

見識ある日本外交

戦前の日本は、国内に居住するユダヤ人がごく少数で、交際する機会はほとんど無いに等しかった。シオニズムと向き合うことになった外交責任者の応答を見てきたが、彼らの見識は見事であったと言ってよい。

この流れの中で、一九三〇年以後、満州におけるユダヤ難民の救助（一九三八年）、人種平等を国是とした五相会議の『ユダヤ人対策要綱』（一九三八年）、杉原千畝のビザ（一九四〇年）などの対処が連想される。日本には欧米のような「反ユダヤ」の思想や感情の育つ土壌はもともとなかったことを示す。

繁栄した上海のユダヤ人社会は、その後、ユダヤ難民の避難所を提供し、日本軍の占領下で第二次大戦を生き延び、中国の内戦と共産党の支配を通じて国外移住を強いられ、かつての共同体はほぼ四散した。

戦前の日本におけるシオニズム運動への関心は、一部のキリスト教徒の間に高まっていく。そのあたりの事情は、次章でのべる。

【参考資料】

・『イスラエルの使者』の転載について、また上海シオニスト協会関連について、ベン・アミー・シロニー著『ユダヤ人と日本人』（新日本公法社）の一七章を参考にしたことを記して、感謝とする。

10章　シオニズム運動と日本（下）

――キリスト教界はどう反応したか

欧米ではキリスト教界に、シオニズムを応援する思想と運動があったが、日本では宗教界も一般社会も大勢が無関心であった。しかし、例外的な少数のクリスチャン・グループが戦前の日本に存在した。宗教家としてシオニズムに理解を示した中心人物は内村鑑三と中田重治。その影響は、今日の親イスラエル各グループに及んでいる。

西洋キリスト教の反ユダヤ主義

十九世紀後半から、ユダヤ民族が父祖の地パレスチナ（これは古代ユダヤ国家を滅ぼした後、その記憶を絶つためにローマ帝国が付けた地理的名称）に帰って国土を再建しようという、シオニズム運動の引き金は、ロシアやヨーロッパでのユダヤ人迫害であった。

では、なぜユダヤ人は迫害されたのか。いろいろの政治的・社会的・経済的理由が挙げられる。時の政府指導層が民衆の不満をそらすためにユダヤ人をスケープゴート（犠牲）

にすることがしばしばあった。

しかし、その根本的原因は、宗教的事由に行き着く。一つには、ユダヤ人が流浪しつつ居住する国の宗教に改宗することを拒否して、ユダヤ教を守ってきたため、周囲の習俗・文化に同化しない者への差別であった。これは、イスラム教の国でもキリスト教の国でも同様である。

さらに、キリスト教徒の反ユダヤ感情、反ユダヤ主義（anti-Semitism）は、キリスト教側に責めがある。キリスト教は、その教義の中に、神の子イエス・キリストを殺した罪をユダヤ人が子々孫々負うと見なしてきた。三位一体の教義では父（神）と子は一体であり、子即ち神を殺したゆえに、ユダヤ人は呪われた民族であるとする。しかし、これは新約聖書を書いたユダヤ人クリスチャンの与《あずかり》知らない、後代の勝手な聖書解釈というべきものである。歴史の経過と共に培われてきた、この誤った神学は、今でこそ、そのような事はオープンに口にされないが、戦前までキリスト教徒に反ユダヤ感情を生む影響力を持っていた。

第二次大戦後、キリスト教とユダヤ人との関係は、大きく変わった。現在では、カトリックは、ユダヤ教への偏見と迫害を謝罪し、ユダヤ教を同じ聖書の信仰を奉じる「兄」と見なしている。

プロテスタント教会にも、シオニズムを理解し、支持する教派は少なくない。教会の指導層においては、親ユダヤとまで言えないにしても、ユダヤ理解に向かいつつあるのが、最近の傾向であろう。

民衆レベルにおいて二千年間、キリスト教徒が抱いた偏見は、簡単に深層意識からぬぐわれるものではない。最近、ドイツの政治家の中から反ユダヤの言説が飛び出したのも、反ユダヤ感情の根深さを伺わせる。

クリスチャン・シオニスト

だが、もっぱらキリスト教の反ユダヤ主義ばかりを指摘するのでは、偏った評価であろう。西洋キリスト教でも、英国（スコットランドを含め）や米国のピューリタン系のプロテスタントには、旧約聖書を重んじ、「ユダヤ民族のシオン帰還」を聖書に預言されたこととして真摯に信じるグループが存在した。

思想の上だけでなく、シオニズム運動以前から、また、運動の展開と共に、ユダヤ人のパレスチナ移住を支援実行しようという熱烈なクリスチャンもいたのである。現在に至っては、多くの親ユダヤのクリスチャン・シオニストが出現している。

プロテスタントは、カトリック教会の改革運動として始まったが、ローマ教皇の権威の代わりに、聖書を権威に据えた。すると、聖書解釈の違いで、多様な教派に分かれていったのは避けられなかった。

また、極端に聖書を文字通りに解釈する人々も出てくる。十九世紀の米国に現れた、ファンダメンタリスト（原理主義者）と呼ばれる保守的なクリスチャンがそれである（対極に、近代主義、つまり近代の科学や聖書批判学を許容するリベラル派クリスチャンがいる）。ただし彼らは、「原理主義者」と、自分たちでそう呼んでいたわけではない。

一口に原理主義といっても、様々な分派や考え方（神学）があって、ユダヤ陰謀説を信じる者もあれば、親ユダヤもいる。（現代では、彼らは米国の右翼保守派の一郭を成し、宗教運動というより、政治的社会的運動と見たほうが適切かもしれない。大統領選にも影響を与える組織を作っている）

聖書解釈の違いについて、とくに、キリスト教の用語では「再臨」と言われる、「キリストが再び地上に現れる」という黙示録的預言の解釈が問題になる。

再臨に関連して、再臨のしるしに、ユダヤ人が聖地に帰り、そして彼らがキリスト教徒に改宗することが起きるという教義がある。十九世紀以降のプロテスタントの一部は熱心にそれを信じてきた。それで、ユダヤ人のシオニズム運動は、再臨を待つクリスチャンの信仰を自然と鼓舞した。

日本人のユダヤ人観

日本は、戦前まで欧米諸国とちがって、現実的にユダヤ人とのつき合いは皆無に近かった。キリスト教が布教されても、信者はごく少数であったので、キリスト教に由来する偏見や憎悪は日本に広まらなかったと言っていい。おかげでユダヤ人を迫害する機会も動機もなかった。

ユダヤ人に関する知識――イメージというべきか――は、明治になって輸入文学作品から与えられた。シェークスピアの『ベニスの商人』の影響は大きい。そこに登場する悪役のユダヤ人高利貸し、シャイロックの像は一つの典型を与えた。しかし、シェークスピアが生きていた頃の英国には、ユダヤ人は住んでいなく、それは文学者の架空のユダヤ人像であった。念のために付記しておく。

日本で公演されたベニスの商人

それでも明治時代はまだよかった。ところが大正年間に、ユダヤ陰謀説関連の出版や日本ユダヤ同祖論などの偽史が出現して健全でないユダヤ人観が流布した。遺憾な現象であった。そして、現代においても、ユダヤ人の知識やイメージは雑駁である。あふれる情報の洪水の中で、正しい認識の岸にはなかなか達し得ないという弊害がある。それはあらゆる事象に通じるが、ユダヤ認識についてもそう言える。

日本のキリスト教伝来史

少し横道にそれるが、ここで日本と西欧キリスト教との出合いの歴史を大まかに紹介しよう。

1．古代日本にキリスト教徒が渡来したかもしれないが、歴史の証拠は今のところ見あたらない。歴史的にはっきりしているのは、十六世紀の戦国時代、ヨーロッパ世界は大航海時代の真っ盛りで、ポルトガル人と共に、鉄砲とキリスト教が伝来したことである。

一五四九年、イエズス会の宣教師フランシスコ・ザビエルが鹿児島に上陸して以来、約百年間、禁教に遭うまで、カトリック教会は精力的に伝道して、多くの信者（数十万人）が生まれた。当時、キリシタンと呼ばれた。

2．江戸末期、開国と同時に、キリスト教は再び伝来する。一八五八年（安政五年）日本は米国ほか英・仏・蘭・露四カ国と修好通商条約を結んだ。開港された長崎において一八六五年、大浦天主堂が建立され、隠れキリシタンが発見された。ロシアからはニコライ司祭が渡来し、東方教会の宣教が開始された。

プロテスタント教会のほうは、すでに一八四六年に沖縄にベッテルハイム（聖公会、ユダヤ系英国人）が伝道に派遣されているが、本土の日本では一八五九年から、米国のプロテスタント各教派が宣教師を派遣してきた。彼らは禁教が解けるまでの期間、日本語や文化を学びつつ、備えていた。

3．明治に入って、一八七三年（明治六年）、キリシタン禁制の高札が撤去されると、宣教師らは一斉に布教や学校教育に携わった。例えば、ペリー艦隊の通訳もした米国聖公会の宣教師S・W・ウイリアムズ、ヘボン式ローマ字綴りで名が残るJ・C・ヘボン、英学の発展に寄与したS・R・ブラウンなど。

プロテスタントは、最初のうちは、日本では各教派が一致して「宗派に属せず」伝道しようと協力しあった。時と共に、その理念は実現されずにおわり、教派の教会が精力的に伝道していった。十九世紀の米国は、プロテスタント各教派が興隆し、とりわけ世界伝道の情熱に燃えていた。それが日本のキリスト教宣教の背景にあった。

4．明治日本は、近代化のために多くの外国人教師を招聘した。その教師らによっても、キリスト教の信仰が伝わったのが、日本のプロテスタントの特徴であった。源流となったキリスト教徒の群れをバンドと称するが、伝道された場所の名をとって、熊本バンド、札幌バンドが有名な例である。熊本バンドは、熊本洋学校の教師L・ジェーズ大尉によって、札幌バンドはW・S・クラーク大佐によって学生たちがキリスト教に改宗したのである。熊本バンドから海老名弾正、徳富蘇峰ら、札幌バンドから新渡戸稲造、内村鑑三らが出ている。一方、ヘボン、ブラウンら宣教師による「横浜公会」の群れは横浜バンドと呼ばれ、井深梶之助、植村正久、本田庸一などが出ている。横浜公会は、のちに日本のプロテスタントの主流をなす日本基督教会となった。

当時のクリスチャンは、総じて、士族出身の知識層であるのも、日本独特の現象だった。日本のキリスト教は、明治の時代精神の変化と共に、成長し、やがて停滞に入った。現在においても、クリスチャン人口は総人口の一パーセント内外にとどまっている。

無教会の内村鑑三

話をシオニズムに戻して、戦前までの日本のキリスト教史を見ると、教会において一部のクリスチャンを除き、シオニズムやユダヤ問題がほとんど真剣に取り扱われてこなかった。

これは米国のプロテスタント諸教派から伝道された日本としては意外な印象を受ける。その中で明確にシオニズム支持の立場を信仰的に表明したのが、唯一、札幌バンドの流れを汲む無教会の内村鑑三と、ホーリネス教会の中田重治《じゅうじ》であった。二人の生き方、キリスト教の考え方は大きく異なっていたが、また士族出身で、明治初期にキリスト教に触れ、独立独歩で米国に留学した経験を持つ点などはよく似ていた。

内村鑑三は、一八六一年（文久元年）上州高崎藩の江戸屋敷内で生まれ、彼は生涯武士的気風を持ち続けた。一八七七年（明治十年）札幌農学校に学び、キリスト教に入信する。やがて米国に留学するが、キリスト教国・米国に失望して帰る。しかし、ボストンのアマスト大学でシーリー総長の薫陶を受けたことは、最大の幸福で、生涯の転機となったという。一九〇〇年（明治三十三年）、日本で最初の聖書研究雑誌『聖書之研究』を発刊し、以降、この雑誌を通じて、伝道と対社会的時評を行なった。彼は、無教会主義を唱えて、「教会の無い者の教会」の意味だと言った。しかし、教会側から敵視された。外国の援助や宣教師に頼らない、日本人独力の伝道を目指したので、組織的な教団や宣教師から反発されたのは当然であった。

内村鑑三

しかし、日本的キリスト教を目指した内村ではあったが、系譜的にはボストンに生き続けるピューリタンの信仰精神を受け継いだと言える。

日露戦争に際して絶対的非戦論を唱えた内村は、キリスト教国のヨーロッパで起こった第一次世界大戦にひどく落胆した。米国の参戦が、さらに彼を絶望に陥れた。一九一八年（大正七年）からは、キリストの再臨の信仰を唱道するようになる。同時にこの時期に、内村は、パレスチナにおけるユダヤ人のシオニズム運動に希望を見いだしたのである。彼の思想は、『聖書之研究』に立て続けに発表された。

一九一八年の雑誌から記事の題目を拾うと、「聖書の預言的研究」「聖書研究者の立場より見たる基督の再来」「基督再臨の証明者としてのユダヤ人」「聖書の預言とパレスチナの恢復」「エルサレム大学の設置」等々。翌年の「地理学的中心としてのエルサレム」では、キリストの再来はここしかない、と論じた。

再臨の信仰と共に書き下ろした論集には、シオニズムを単なる民族運動として見るのでなく、聖書の預言の成就であること、歴史の中にユダヤ人が聖書の証人として神によって用いられていること、などを語っている。神は依然としてユダヤ人を自分の民として愛し救うということを内村は肯定した。また、ヘルツェルを詳しく紹介し、彼の業績を称賛している。また、バルフォア宣言を喜んだ。

東京朝日新聞の一九一八年八月四日に、カイロ外電として、「エルサレムの近傍なるスコパス山にこの度ヘブリュー大学の礎石横たえられたり……」が載った。内村は、即座にその意義を彼の雑誌に書き綴った。

「……アブラハムの子孫なるイスラエルは……再びパレスチナの地に帰りて栄光の王国を建設し、キリスト自らこれを統治し彼らをもって万国を治め給うのである。……大学の建設はパレスチナ恢復の一歩に過ぎない。……余は信ず、大なる御手が彼方此方を総攬して驚くべき計画を実行しつつある事を。ここに於いてか我らの信仰は小なる個人の問題にあらずして世界的宇宙的問題であることが判明」

（『聖書之研究』大正七年九月十日二一八号）

ホーリネス教会の中田重治牧師

もう一人、プロテスタント側からシオニズムを神の計画と信じたのが中田重治である。一八七〇年（明治三年）、津軽藩（弘前市）の武士の子として生まれ、東奥義塾に学んだ。これは津軽藩の藩校が起源だが、明治になって本田庸一が塾長になって再出発した学校である。横浜バンド出身の本田は弘前メソディスト教会の牧師でもあり、多くの有能の士を育てた。中田はその訓導を受けた。前章でふれた、シオニズムを声援した外交官・珍田捨巳もその一人である。

中田重治

東京英和学校（現青山学院）を中退して伝道に従事していた中田は、シカゴのムーデーの聖書学院で学ぶために自費で渡米した。ムーデーは無学の人ながら、「聖霊に満たされた」カリスマ的な伝道者といわれ、米国ではかなりの影響力を及ぼしたキリスト教指導者だった。彼は中田の理想の人物となった。米国の留学を終えて、一八九八年に帰国し、伝道活動に戻った。

やがてメソディスト派から独立した彼は超教派的に行くことを願ったが、一九一七年（大正六年）に自らの東洋宣教会ホーリネス教会を設立した。明治二十年代以降の停滞期にあったキリスト教界に、清新の気風とエネルギーを吹き込む役割をした一人が中田であった。

翌一九一八年、中田は再臨運動において内村と協調した。しかし、ユダヤ人観や教義において二人は大きく異なっていた。内村と中田との協調は一年くらいで終わった。

内村は、黙示録を「……記者の言葉を文字そのままに解することは出来ない、黙示録は表号的シンボリカル文書である」と言って、いわゆる世の再臨信者と異なると表明した。

一方、ホーリネス教会の中田牧師は、米国のファンダメンタリスト（原理主義者）と似た神学的立場をとった。彼の尊敬するムーデーは米国のファンダメンタリズムを支えた一人であった。

一九三二年（昭和七年）、中田は「聖書より見たる日本」と題する講演会において、（翌年出版）、日本とユダヤ人の間に特別の関係があると語り、二つの民族をキリストの再臨とむすびつけた。その序文にこう述べている。

「……余の主意は日本民族が主の再臨に関係がある民である事、殊にそれに伴うユダヤ民族の恢復に親密な関係のある事を見出したので、本著を著わしたのである」

中田は、彼の解釈によれば聖書の中に日本のことを預言している箇所が多くあると指摘した。「日本の軍備は……選民イスラエルを救うために用いられるようになる」

日本は「イスラエルの回復、主イエスの再臨、千年王国設立」の鍵を握っている、ひたすら祈れ、と説教した。そして中田は、日本民族の救いのために、ユダヤ人のために、ユダヤ建国のために祈ることを信徒に求めた。

その後

しかし、彼の育てた弟子たち（聖書学院の教授たち）はそれに異義を唱え、中田と分離した。ホーリネス教会は二分した（一九三八年）。その不幸な経緯にもかかわらず、このグループは、親ユダヤの姿勢を保ち、このゆえに（それだけの理由ではなく、再臨信仰も理由の一つ）戦時中は特高警察の弾圧を招いた。ちなみに、杉原ビザで日本に逃れて来たユダヤ難民を熱心に救援したのは、ホーリネス教会系のクリスチャンだった。

内村鑑三の弟子の一人、矢内原忠雄は、東京帝国大学経済学部の教授で、植民地政策を専門としたが、シオニズム運動を取り上げ、ユダヤ人の植民を高く評価した。それだけでなく、「キリスト教徒である私にとっては、この運動はまた、宗教的意味を持っている。聖書が預言したごとく、ユダヤ民族の再生は世界に大きな影響を与えるであろう」と述べた（一九二六年）。

ただし、矢内原は例外だった。無教会は、内村逝去（一九三〇年）ののち、各弟子がそれぞれ独立して集会を持ったが、彼らはユダヤやイスラエルへの関心は希薄であり、内村の再臨運動やシオニズム理解と擁護については内村に関する評伝から欠落している。

第二次世界大戦が終了後、日本は連合軍の占領下で、敗戦の困窮の中、生きることに必死であった。国際社会から孤立し外交は停止し、一九四八年イスラエル国の独立も日本の人々の関心外であった。

戦後日本に再び海外宣教団から熱心にキリスト教の布教活動が行なわれたが、シオニズ

中田（左）と内村（中央）1918年頃

ムが紹介されることはなかった。一九五二年、占領の終結と共に、キリスト教伝道の熱はしぼんでいった。この頃から、しだいにナチスのユダヤ人迫害、ホロコーストの真実などが知られだし、ユダヤ人の歴史に人々の注意が引かれるようになる。

　ユダヤ人の国が二千年ぶりに再建されたことに欧米のクリスチャンは興奮したが、日本のキリスト教界は概して無頓着であった。戦後、生きるのに精一杯だった日本人はそれどころでなかったのであろうが、現在に至るまで、聖地への関心の薄さは日本のキリスト教徒の特徴になっている。

　その中で、熱烈な親イスラエルのキリスト教グループがいくつか現れるが、それが無教会の流れやホーリネス教会系からであったのは、内村鑑三と中田重治の影響力のいかに大きかったかを思わせられる。

　また、戦前のキリスト教の伝統によらない親イスラエルのクリスチャン運動も現れてきている。

本記事は、シオニズムとの関わりに焦点を当て、内村や中田の信仰的履歴を語るのがテーマでなかったことをお断りしておく。

【参考資料】

・『内村鑑三全集』（岩波書店）
・『中田重治伝』（米田勇著、中田重治伝刊行会）
・『ユダヤ人と日本人』（ベン・アミー・シロニー著、新日本公法刊）

11章　日ユ同祖論はどのように生まれたか

日本とユダヤはよく似ていると言われる。しかし、似た点もあれば、極端に異なる点もある。歴史も文化も宗教も価値観も異なる面が多く、それを忘れないで、お互いに理解し合っていくことが大切だと思う。

西洋諸国やアラブ世界とユダヤ人との関係はこれまで長い歴史があるが、日本人とユダヤ人が実際に交流を始めたのは、近現代に入ってからで、否、最近の数十年間の歴史でしかない。幸いその歴史は友好的であった。

このように言うと、反論される人もおられよう。「日本人のルーツはユダヤであったのだ」と。あるいは、「日本人とユダヤ人が共通の祖先をもつ民族なのだ」と。これが「日ユ（日猶）同祖論」と言われる主張である。これにはいろいろなバリエーションがある。

ところで、日ユ同祖論というテーマを語るのについては、正直、躊躇する気持ちを覚える。端的に言えば、その説にいかがわしい部分があるからである。しかし、このテーマに惹かれてユダヤに関心と興味を覚えるようになったという方もお見受けする。信じておられる人の夢とロマンをあえて否定するのも、大人げなく、筆者の本意ではない。ただし、歴史と伝説、真実とフィクションの混同を避けるために、日ユ同祖論について論じる必要があると思う。

さて、日本人のルーツがユダヤであったという説は、ずっと昔からあったのでも、最初に日本人から出た話でもない。発端は、ユダヤ人からである。明治時代に、開国した日本にやって来た英国のユダヤ人実業家、ノーマン・マクロードという人物が、『日本古代史の縮図』(英文)という本を書いた。一八七五年(明治八年)のことで、彼は自分の観察から、日本人はイスラエル十部族の末裔だと主張した。

「失われた十部族」とは何か

ここで「イスラエル十部族」について予備知識が必要である。

旧約聖書を読むと、ユダヤ民族の父祖であるヤコブの子孫から十二部族が出て、やがて紀元前千年頃、ダビデ王の時代にイスラエルは黄金時代を迎えた。その子のソロモン王以後、統一王国は分裂して、北に十部族がイスラエル王国を、南に二部族(ユダ、ベニヤミン族)がユダ王国を統治した。

バビロンの川のほとりで

ところが、北のイスラエル王国は巨大なアッシリア帝国に紀元前七二二年征服されてしまう。イスラエル十部族（全員ではない）の貴族はアッシリアに強制移住させられて、その後の消息を絶ってしまった。これは民族にとって一大悲劇である。

残った二部族のユダ王国も、紀元前五八六年にはバビロニア帝国によって滅ぼされ、バビロンに連れていかれ、いわゆる補囚となった。古代のイスラエル王国はここで完全に消滅するわけだが、二部族は生き残った。残ったユダ族にちなんで、以後、イスラエル民族はユダヤ人とも、ユダヤ民族とも呼ばれることになる。

七十年後、バビロニアがペルシア帝国によって征服され、ユダヤ人は（これも全員ではない）再び父祖の地に帰還して、神殿を再建して民族として生き延びたのである。

さて、十部族の行方はどうなったのか。ユダヤ人にとって、同胞の十部族はどこかにいると信じたい。しかし、その存在を示す確かな証拠は一切無い。歴史学者は不明だとする。以降、「失われたイスラエル十部族」は伝説上の存在となる。

古代において、イスラエルは二度も強国による強制連行の運命にあったが、それぞれ、その処遇のあり方は違っていた。バビロン補囚のユダヤ人はある意味で恵まれていた。しかし、先の十部族の場合、アッシリア帝国の政策は、残酷で、被征服民族が二度と立ち上がらないように、彼らをそれぞれの故国から別の地域に移住させ民族を混合させることによって同化させるという手段をとった。たとえば、北イスラエル王国の支配地だったところに他民族を移植して、残っていたイスラエル人と混血させた。その子孫がサマリヤ人である。

だから、強制移住させられた十部族が、アイデンティティーを保ったまま生き残ることができたかどうかは非常に疑問で、アッシリア帝国の統治方法から考えると存続は非常に考えにくい。彼らは周囲の人々と同化して民族として消えてしまったというのが、歴史的真実ではなかろうか。

「イスラエル十部族」は伝説となり、また「メシア待望」の信仰の一部となった。メシアが来る前兆に、イスラエルの十二部族が揃う、という信仰である。これは預言者エゼキエルの預言（エゼキエル書三七章）などの影響による。受難を強いられる少数民族となったユダヤ人が、行方不明の同胞がどこかに生き残り、いつの日にか再び歴史の舞台に登場することを望む心情は、よく理解できる。

世界中にある「十部族伝説」

「失われた十部族」の伝説は日本以外にも、世界各地に各時代に前例があった。

ユダヤ人のあいだでは、ユダヤ教の口伝律法の書（タルムード）に、「サンバチオン川の彼方」にイスラエル十部族が住んでいるという伝説がある。もちろん、サンバチオンがどこにあるかは誰にも分からない。

中世期にいろいろと出た、ユダヤ人旅行家（エルダド・ハダニ、トゥーデラのベニヤミンなど）の手記が十部族を話題にしていた。

アメリカの新大陸が発見された後、アムステルダムの著名なラビ、マナセ・ベン・イスラエルという人物は「南アメリカのインディアンの中に、十部族の一部が生きている」という報告を受けたということを手紙に書いている。一六四九年のことだった。全くの伝聞である。しかし、彼は「(十部族は）ほかの地にも散らばっていて、第二神殿には戻ってこなかった……」と言っている。

ちなみに、このラビ・マナセは、当時のイギリスの清教徒革命の指導者クロムウェルに、一二九〇年以来追放されていたユダヤ人がイギリスに帰還することを許されるよう嘆願して、一六五五年にユダヤ人は再び移住を許された。彼こそはイギリス・ユダヤ人の恩人である。

この時代に、「イングランド人はイスラエルの末裔だ」と主張したのは、ユダヤ人ではなく、イングランド議会のジョン・サドラーという議員だった。旧約聖書を重んじるあまりの、清教徒の空想だろうか。

さらにイギリスにおいて、十八世紀には、「大ブリテン民族が失われたイスラエル十部族である」という思想が生まれ、それから派生して、アングロサクソン民族（つまり、アングロサクソンも十部族の末裔）は神の選民であると主張された。そして、少数のプロテスタント派のクリスチャンによって「ブリテッシュ・イスラエル British Israel」という運動が展開されて、現在もなお その説は生き残っている。米国のキリスト教伝道者の中にもこの教義を信じて宣伝する者たちがいる。

他にも、東アジアに十部族が移住したという説があり、それを最初に唱えたのは、ホアン・ロドリゲスというポルトガル人のイエズス会士（日本語の通訳を務め、『日本大文典』を著す）で、「中国人が失われた十部族の末裔だ」と本に書いた。

日本人の信奉者

話を日本に戻すと、ユダヤ人のマクロードの書いた本は日本語に翻訳されなかったので、彼の日ユ同祖説は知られないままでいた。

日ユ同祖論の日本人の開祖と見なされるのは、佐伯好郎《さえきよしろう》である。一九〇八年（明治四十一年）に『太秦《うずまさ》を論ず』という論文をある雑誌に発表した。

佐伯好郎（一八七二〜一九六五）は、広島県廿日市の出身で、東京専門学校（現・早稲田大学）英語文学科を卒業し、渡米して帰国後教職に就く。日本聖公会で洗礼を受けてキリスト教徒となる。後に、景教の研究で、東京帝国大学より文学博士号を授与される。昭和十八年には帝国学士院終身会員となる。東京文理科大学（現・筑波大学）の学長を務め、教育・文化の発展に貢献した有識者である。

佐伯はその論文で、「秦氏がユダヤ人の景教徒である」と主張した。

彼の説を語る前に、予備知識として少し説明をしたい。

古代日本に、四、五世紀頃、朝鮮半島から渡来してきたと言われる豪族に、秦《はた》氏という一族があった。渡来人は、大陸から殖産工芸の技術をもたらして、日本の国造りに大きく貢献した。

司馬遼太郎は「秦氏は聖徳太子の政治上のスポンサーである」と語っている（ただし司

馬氏は、「日韓同祖論」に近い)。
一族の長、秦河勝《はたのかわかつ》は、聖徳太子に仕え、山城国(京都)の葛野に蜂岡寺(後に広隆寺)を建てた。そこは秦氏の住んでいた地名として、「太秦」が残っている。「ウズマサ」と読むが、その意味は不明とされてきた。本来、地名であったかどうかも分からない。秦氏の信奉していた神の名前ではないかとの説もある。

次に景教とは何かというと、ネストリウス派キリスト教の中国での名称だが、ネストリウス派とは、紀元四三一年エペソ公会議において宗教論争に敗れて異端とされたキリスト教の一派で、東方に伝道を展開した。中国では六三五年頃、時の皇帝に厚い待遇を受けたという。唐の時代に多くの信徒が存在し興隆した。景教の由来と教義を書いた「大秦景教流行中国碑」(七八一年建立)が後代に発見されて、重要な資料となる。この景教碑文を詳しく研究して景教を世に知らしめたのは、佐伯の功績だった。

佐伯は、秦氏は朝鮮半島を経由して大陸から渡来したが、実はユダヤ人の景教徒だったという。証拠は、「ウズマサ」の語源をアラム語のイシュ・マシャとし、それが訛ってウズマサになったとする。イシュとは、イエスのこと、マシャはメシア(キリスト)のこと。その他いくつかの物証を挙げている(大酒神社、いさらいの井戸……等々)。

この説は、学問的には認められていないが、日ユ同祖論としては穏当なほうである。しかし、矛盾は、秦氏の日本渡来が古代文献どおりだとすると、時期的にネストリウス派が中国までやって来る以前に、秦氏は日本に渡来している。秦氏が景教徒であるのは時代錯誤となる。一方、もし景教徒ならばキリスト教徒であり、すでにユダヤ人ではあり得ない。仮にユダヤ人としても、イスラエル十部族の末裔であるより、ユダ族の補囚民の子孫であると仮定したほうがまだしも説得力をもてると思う。

日ユ同祖論とユダヤ陰謀論

続く大正年間は、日本人が反ユダヤ主義の思想に出くわした時代であった。一九一四年（大正三年）に第一次世界大戦が勃発し、続いて隣の大国ロシアに共産革命が起こった。そのどさくさに英米伊の要請でシベリア出兵（一九一八〜二二年）したことから、軍人たちが意外な影響を受けた。ロシア革命がユダヤ人の世界征服陰謀の一環であるという謀略宣伝を吹き込まれたのである。『シオンの長老の議定書（プロトコール）』に出合い、ユダヤ問題研究の必要性が認識された。それこそ、有名な反ユダヤ主義の偽文書である。

このように日本でのユダヤ人研究が「ユダヤ禍」対策で始まったのは、不幸である。とは言え、ユダヤ人を実際見たこともない連中による観念的な議論ではあった。

日ユ同祖論は、こうしてユダヤ陰謀論と裏表の関係に入る。その趨《はし》りとして、大正末期に、一人の「日ユ同祖論者兼ユダヤ陰謀論者（反ユダヤ主義者）」が登場した。酒井勝《かつ》軍《とき》という人物である。若い日に米国留学の経験のあるキリスト教徒で、語学の達人でもあり、神懸かり的な妄想家であった。『猶太民族の大陰謀』（大正十三年）において、奇妙な日ユ同祖論を展開している。

「日本人は古代イスラエル民族の中でも神に最も祝福された部族であり、失われた十部族にほかならない。日本こそ約束の地で、正しいシオニズムは日本回帰運動である」と言い、現在のユダヤ人は選民として本分を忘れて道を間違えたユダヤ人であり、非正統なユダヤ人だと説く。

酒井は、一九〇二年（明治三十五年）に帰国し、キリスト教の賛美歌伝道に活動する。後に、キリスト教から離れ、シベリア出兵に通訳として従軍。その折に、ユダヤ陰謀論に出合ったのであろう。さらに変人ぶりを発揮する。一九二七年（昭和二年）に陸軍の依頼でパレスチナ調査の安江仙弘少佐に通訳として同行したのが、彼に良い機会を与えたのだ。帰国後、「日本こそピラミッド発祥の地であり、エジプトのピラミッドも日本民族が建造した」などと、トンデモ系の〝超古代史〟に凝っていく。長くなるので、これは省略する。

よく言われる「キリストの墓」（青森県旧戸来村《へらい》）の伝説は、酒井と新宗教・天津《あまつ》教の教祖竹内巨麿《きよまろ》という人物との合作の偽造文書によって広まった捏造《ねつぞう》である。一九三五年（昭和十年）の頃である。村長が大変喜んだという。どうやら、今流に言うと、「村おこし」の一種だったらしい。

小谷部全一郎の「ガド族＝ミカド」説

酒井のユダヤ陰謀論が出版された同じ大正十三年に、世の中を大騒ぎさせる空想物語が出版されている。これは日ユ同祖論とは何の関係もないが、モンゴルの英雄ジンギスカンが日本の源義経と同一人物だったと説くSFまがいのしろもので、当時大評判になって、出版社をいたく喜ばせたものである。

その書物は『成吉思汗《ジンギスカン》ハ源義経ナリ』（大正十三年刊）といい、著者は小谷部《おやべ》全一郎といった。小谷部は、秋田県に生まれ、渡米してエール大学を卒業し、大学院に学び、博士号を得て、牧師の資格も取得した。一八九八年（明治三十一年）帰国後、横浜組合教会の牧師を務め、その後、北海道に渡り、アメリカ以来の念願だったアイヌ伝道に邁進する。東京に帰り、東京皇典講究所と國學院大學の講師となる。その傍ら、義経不死伝説の研究に取りかかったという経歴の持ち主である。

日本人は、義経には薄倖な英雄として哀惜の情を禁じ得ない。「判官贔屓」という言葉があるくらいである。これまでいろいろの伝説が語られ芝居にもなってきた。今でこそ小谷部の本は荒唐無稽と一笑できるが、当時は熱烈な支持者が出て、逆に金田一京助、三宅雪嶺などの真面目な学者が真っ正面から反論したのである。

なにしろ巻頭に「清和源氏」の落款を押した徳川家達公爵の題字があり、漢文の序に杉浦重剛（教育者。昭和天皇の皇太子時代の倫理歴史教師）が一文を寄せているのである。

小谷部の論証方法はすべて、思いこみ、そして日本語とモンゴル語との語呂合わせ（擬似言語説と言ってよい）であった。

次なる著書においても、小谷部は、語呂合わせ法を用いる。日本語とヘブライ語の類似から推測して、『日本及び日本国民之起源』（一九二九年、昭和四年）を刊行した。ジンギスカンとは違って、今度は、日本人がユダヤ人と同じ祖先を持つという主張である。

ここにおいて、佐伯、酒井と共に、日ユ同祖論の原型が出そろった。

彼は、「ヘブライ民族の中より、最も勇敢なガド族と宗族の継承者マナセ族が伝国の神宝を奉じて東方に遁れ」日本に渡来したという。彼の語呂合わせ論法は、たとえば、ミカドはガド族のガドに「御」が付いて、訛って「御カド」となった。そのほか両民族の百数十の類似点を列挙して証明している。日本のお祭りの御神輿《おみこし》は、モーセが紅海を渡ったときの名残、京都御所とソロモン王の神殿は同じ構造である。古代ユダヤのレスリングは日本の相撲である等々。

彼の同祖論では、「我が大日本の基礎民族はヘブライ神族の正系にしてユダヤ人はその傍系」である、とまで言っている。酒井勝軍と同様な論である。

『偽史冒険世界』（長山靖生著、ちくま文庫）は、「小谷部にとって重要なのは、日本人が偉大な祖先を持っていることの証明であり、偉大であればジンギスカンだろうとユダヤ人だろうと、どちらでもよかったのだろう」と評している。

親ユダヤの日ユ同祖論者、中田重治

今まで紹介した日ユ同祖論を唱える人たちは、いずれもキリスト教徒であった。しかし信仰の点で熱心であったかどうか分からない。ところが、多くの信徒を抱える一大教団の創始者たる牧師で、日ユ同祖論を唱えた人があると言ったら、びっくりするだろう。事実は、ホーリネス教会の中田重治牧師が一九三二年（昭和七年）に「聖書より見たる日本」（翌年、出版）と題する講演会で、彼自身の日ユ同祖論を開陳したのである。

「日本には、太古にユダヤ人が渡来し、彼らと原住民との混血によって今日の日本人が生まれた。キリスト教統治の千年王国のひな形として日本は今日まで連綿と続いてきた。

これは神の摂理である。したがって、日本人には、神の選民であるユダヤ人を支援し、ユダヤ人国家樹立を成し遂げるべき民族的使命が神から与えられている」

その主張の内容の是非は別として、ホーリネス教会のクリスチャンは親ユダヤであった。戦前、杉原千畝リトアニア領事代理のビザで救われて日本にやって来たユダヤ難民に救援の手をさしのべたのは彼らであった。

中田の日ユ同祖論は、過去の〝空想的〟歴史を楽しむマニアックな物語ではなく、日ユが現在と未来に向かって使命を共有する民族であるとの認識と預言であった。

日ユ同祖論の証拠（？）

日ユ同祖論を証明する証拠は、学問的には確たるものはない。しかし、今もこの論が消えないで、信奉者がいるところをみると、数々の擬似証明があげられている。代表的な説をいくつか見てみたい。

1「日本語がヘブライ語と類似している」説

いわゆる語呂合わせである。一例として佐伯の「ウズマサ」、小谷部の「ミカド」をあげた。その他の例に、川守田英二（サンフランシスコ教会牧師）は、『日本ヘブル詩歌の研究』（一九五六年）で日本の民謡の意味不明な囃子《はやし》詞《ことば》がヘブライ語を語源とするという説を唱えた。伊勢音頭で「サーサ　ヤートコセー……」は出エジプト記一五章の、モーセの姉ミリアムが歌った紅海の歌だとした。

「虎の巻」は、トーラーの巻の意味だろうというユダヤ人がいた。虎の巻は、れっきとした中国の兵法書『六韜《りくとう》』の虎韜《ことう》の巻である。秘伝書の意味から、解説本のことを虎の巻と言うようになったのであって、トーラーとは全く無関係である。

「日本人こそイスラエルの十部族の子孫」と信じているヨセフ・アイデルバーグというイスラエル人の、『日本書紀と日本語のユダヤ起源』（徳間書店）という本が最近、刊行された。その根拠は、日本書紀と聖書が似ていると説明し、ヘブル語（ヘブライ語）起源の日本語＝精選五〇〇語を一挙掲載したと自慢している。しかし、一見して漢字でできた日本語の単語をヘブル語としたり、カタカナやひらがながヘブル文字起源だと主張したりするにおいては、この本全体が眉唾ものだと明らかにしてしまう。たとえば、日本語のあんうん（暗雲）とヘブライ語のアナーン（雲）を類似語だとする。

このような「類似点」をあげてくるのは、日本語を知らないユダヤ人か、ヘブライ語を知らない日本人である、というベン・アミー・シロニー教授の批評がまさにぴったりである。

2「神道とユダヤ教の類似点」の物証

神社と神殿の類似は、マクロードがすでに指摘したが、いまだに学術的に検証するに値するとは思われていない。日ユ同祖の証拠にはつながらない。

皇室の「菊の御紋」とエルサレムのヘロデ門の紋章が似ているとの説。菊の御紋は、鎌倉時代に後鳥羽上皇が菊を愛されて、ご自分の紋章とされたのが始まりで、皇室の紋章になったのは新しく、時代考証的にもヘロデ門の紋章とは無関係だ。

伊勢神宮の参道（実は、神宮の管轄外の県道）にある灯籠に「ダビデの星」が刻まれている。ダビデの星がユダヤ的シンボルとなったのは、中世以降で、古代ユダヤ人の渡来の痕跡という主張は当たらない。日本でも「カゴメ紋」として用いられてきた。伊勢神宮の灯籠は、戦後建てられ寄贈されたもので、神社自身は無関係と言っている。伊勢神宮を参拝して、そこの清浄な雰囲気に感動したユダヤ人が灯籠の「ダビデの星」を見てさらに感激したという話を聞くが、それでもって伊勢とユダヤを結びつけないでほしいものだ。

エルサレム・ヘロデ門

伊勢神宮の「八咫《やた》の鏡」の裏にヘブライ文字

が刻印されているという説。「八咫の鏡」はだれも見ることはできない。しかも、仮に文字を見て、即座に古代ヘブライ文字だと判読できるほどのヘブライ語の知識を持っている人間が日本にどれだけいるだろうか。これも噂と伝聞の類である。

神道ではないが、修験道の山伏の「兜巾《ときん》」がユダヤ教のテフィリン（経札、聖句箱）に似ているという説。テフィリンは、頭と腕に付ける革製の聖句箱と紐《ひも》で成っている。ユダヤ教徒が渡来した名残だとして、日ユ同祖の証拠にされる。兜巾は確かにテフィリンに似てはいるが、別に大きく頭に被る兜巾もあり、そちらの場合には、ユダヤ教徒の頭に被る帽子キッパーに似ている。偶然の一致にすぎないのではないか。兜巾の意味は、大日如来の五智を表す宝冠とされている。もし兜巾がテフィリンの名残と言うならば、腕にも付けるテフィリンをどうして山伏は忘れてしまったのか、その理由が必要である。

結局、日本人もユダヤ人も生半可な知識をもっている者だけが、そのような物証を信じ得るのではなかろうか。

3　聖書を根拠とした預言

日ユ同祖論者にキリスト教に触れた人々が目立っているのは、不思議な現象である。現在でも、この種の著作をたれ流している諸氏がキリスト教の牧師であったし、今なお牧師である人もいる。もっともキリスト教の主流を代表する人々ではないが。

彼らは日ユ同祖の根拠に「聖書」を引用する。しかし預言書の中に「日本」や「天皇」のことが書かれているなどという読み方は、いかがわしい。学問的な聖書解釈学では許されない、勝手な強引な読み方がされているのである。

日ユ同祖論のもたらす問題点

以上で、日ユ同祖論の成り立ちと主唱者たちについて簡単にふれたわけだが、それでもなお「日本とユダヤが血縁ならうれしい」と思う人々はずっと居続けるだろう。古代史はまだまだ謎に満ちていることは確かである。創造力を駆使して仮説を立てて、検証していくことは歴史を明らかにしていく上で大事であろう。

ただし、日ユ同祖論はユダヤ陰謀論とどこかでつながる可能性がある。言い換えれば、誤った歴史認識の下での「親ユダヤ」の立場でも、状況次第で反ユダヤに変わるのは、過去の教訓である。

日ユ同祖論の問題点を指摘しておきたい。歴史の真実と虚構とを混同する恐れ。ユダヤへの正しい理解を妨げ、偏見を助長する恐れ。キリスト教の本質をゆがめた知識を広める恐れ。日本の歴史の理解をゆがめる恐れ。

ここで紹介した以外の奇想天外な珍説はまだまだ沢山ある。どうか、トンデモない歴史にはよくよくご注意して、歴史の夢とロマンを楽しんでいただきたい。

［付記］戦前にユダヤを理解した思想家　満川亀太郎

クリストファー・W・A・スピルマン
（現　九州産業大学教授）

ユダヤ陰謀史観と日本

戦前の日本では、シベリア出兵（大正八年〈一九一九年〉）の頃から、「ユダヤ禍《か》」（当時、猶太禍とも表記した）、すなわちユダヤ人陰謀史観が流行し始めた。

「ユダヤ禍論」とは、ユダヤ人が世界を支配している、ないしは支配しようとしているという主張であり、資本主義の発展、自由主義の台頭など、十九世紀から二十世紀にかけて世界で生じた主要な歴史的現象は、すべてユダヤ人の陰謀の結果であるとされた。

この「ユダヤ禍論」は、世界で多くの人々に支持され、ユダヤ人の陰謀史観を主張した『シオンの長老の議定書』という怪文書が欧米諸国で出まわった。この文書によれば、ユダヤ人は世界支配を狙い、戦争や革命を起こす事によって、その目的の実現を阻んでいる伝統的な帝政を破壊しようとしており、ユダヤ人は、第一次世界大戦を引き起こしただけでなく、ロシアとドイツで革命を企み、帝政ドイツ、帝政ロシアや帝政オーストリアを亡ぼしたという。

ほどなく『シオンの長老の議定書』は、お粗末な偽造文書であることが明らかになったが、それにもかかわらず、日本では大正十三年（一九二四年）に『議定書』が翻訳され、一部の日本人を戦慄させた。そして、ユダヤ人は日本国家を破壊するのではないかという危機感が生まれた。おりしも第一次世界大戦の終結によって引き起こされた経済不況の中で勃発した米騒動やストライキなどが、その危機感をさらに煽り、あたかも議定書に書かれた陰謀が現実であるかのように受け取られた。

一般的には、国龍会のような右翼的な組織がユダヤ禍を唱え、吉野作造のような自由主義者は、これを否定したと言われている。しかしこのような二分法に基づいた見方は正確ではない。なぜならば、右翼陣営に属する人物にも、ユダヤ禍論を批判し、それを一貫して排斥した人物もいた。その代表的な人物が満川《みつかわ》亀太郎であった。

満川抜きに語れないこと

満川は、明治二十一年（一九八八年）一月、大阪に生まれた。明治四十年（一九〇七年）、早稲田大学政治科に入学したが、経済的な困窮のため大学を中退し、かねてからの希望であった国際関係を専門とするジャーナリストになった。

第一次世界大戦が勃発して後、大正七年（一九一八年）の初めに、満川は激動する国際情勢を研究するために、時事問題研究会を組織した。これが老壮会である。この老壮会や翌年八月にアジア主義者で回教研究家として著名な大川周明と共に満川が結成した猶存社《ゆうぞんしゃ》が、昭和維新の原点と言われている。

猶存社には、日本の改造に関心を持つ人々が集まった。満川は大川周明を通じて、北一輝を上海から結成されたばかりの猶存社へ呼び戻した。この時、もし満川の誘いがなければ、北一輝は日本に帰らず、いつまでも上海で暮らしていたかもしれないし、また彼の画期的な名著である『国家改造案原理大綱』（注1）も発表されなかったかもしれない。もしそうであれば、戦前の右翼の歴史もかなり違ったものになっていたであろう。

このような点からも、満川が戦前の思想史に与えた影響は大きく、満川を抜きに、戦前の右翼の思想史を語ることはできない。

人種問題に関心

大正九年（一九二〇年）以降、満川は政治運動に専念するようになったが、時事問題の評論家やジャーナリストとして活躍を続けた。

満川亀太郎

猶存社の後身として、大正十四年（一九二五年）に結成された行知社の機関誌月刊『日本』をはじめ、『東洋』、『改造』、『平凡』、『我観』などの総合雑誌に、ほとんど毎月のように論文や評論を載せた。また大正十三年（一九二四年）から拓殖大学で海外事情などを教えるようになった。その間、数多くの著書も出版している。

彼の死の直前に出版された自伝『三国干渉以後』は、昭和五十二年（一九七七年）に復刻版として発売されたため、最も良く知られているが、その他にも『奪はれたる亜細亜』、『黒人問題』など、多くの書物を著した。これらの大半は満川が強く関心を寄せていた国際関係や人種問題を論じた著作であった。

昭和五年（一九三〇年）以降、緊張しつつある国際関係や国内不況の中で、かつて満川の同志であった北一輝や大川周明らは、革新運動の指導者として活躍するようになったが、満川は彼らと異なり、直接的な行動は避けていたようである。彼は大学教授として、またジャーナリストとして活躍するとともに、神道の世界に入り、宗教的な方法で危機を乗り越えようとしていた。

しかし昭和十一年（一九三六年）、満川は突然四十八歳の若さで死去した。

反ユダヤへの批判

満川はユダヤ人に強い関心を持っていた。彼は大正十四年（一九二五年）十月、月刊『日本』で次のように書いている。

「ロシア革命以来宣伝されたる『ユダヤ禍』の恐怖がある。ユダヤ禍論者の中には、普選運動や難波大助（虎の門事件で皇太子を暗殺しようとした青年）までも、ユダヤの陰謀が操っているものの如く信じている人がある。国家に国是を欠き国民に信念無き時、いろいろな幽霊が取り憑《つ》くものと思わねばならぬ」（注2）。

満川のユダヤ禍への長年の批判は、彼が昭和四年（一九二九年）に著した『猶太禍の迷妄』に集約されている。その中で満川は、『シオンの長老の議定書』を偽物として退け、著名な「ユダヤ禍」論者である四王天《しおうでん》延孝中将を厳しく批判している。

昭和十年代に「日本反猶太《ユダヤ》協会会長」を勤めた四王天の反ユダヤ論の裏には、熱狂的なナチスへの賞賛があった。四王天のドイツに対する無批判な態度は、当時、日本とナチス・ドイツが国際関係上大きく接近したことにも起因していた。その後、四王天の神懸り的な感情論は人気を博し、昭和十七年（一九四二年）の衆議院議員総選挙に彼が立候補すると、トップ当選を果たした。

人種平等の理念からシオニズムを理解

それに比べ、満川のドイツに対する評価は、終始、はるかに冷静なものであった。ヒットラーが政権を握った後、彼は次のように書いている。

「一九三四年の今日に於て往年のカイゼルの如き間違った黄禍論を高唱する者が現れ来った事は誠に意外とする処である。而もその新黄禍論の提唱者が、一人は独逸のヒットラーであり、他の一人は伊太利のムッソリーニであるに至っては、愈々《いよいよ》吾人の心外千万とする処である」

満川はユダヤ人がおかれた惨憺《さんたん》たる状況を指摘し、その原因が、ヨーロッパにおけるユダヤ人に対する差別、排斥、抑圧にあることを見いだしている。そして、このような差別からの脱出を可能にするユダヤ人国家建設運動（シオニズム）を、大正八年というかなり早い段階において、次のように評価している。

「猶太人が、今や漸く其希望を達して、三千年の故郷なるパレスチナの地に、猶太国を建設すべき曙光を見出したことは、深甚なる興趣を以て之を観察をせねばならぬことと思う。排セム人種主義という大旆《たいはい》を掲げて白人の人種的偏見に蹂躙し尽くされたる猶太民族が、其種を亡さず、其根を枯らさずして、西方亜細亜の一角に彼等の所謂イスラエルの民、イスラエルの神、及びイスラエルの国を再現せんとするは、世界大戦の副産物として正に特筆大書に値すべきところである。」（注3）

このような満川の議論は、無論、今日的な視点から見ると非常にナイーブなものである。例えば満川は、パレスチナ人の存在を一貫して無視している。だが当時、パレスチナ人の権利を求める声は、日本では勿論のこと、海外でもほとんどなかった。

満川はユダヤ人を、自らの国家を建設しようとしている民族の一つと見なし、この努力を高く評価していたのである。この論点自体が、当時の日本では希少であり、画期的な意見であった。満川が生涯抱いた人種平等の理念と人種差別に対する憎しみが、ここに明白に顕れていた。

（断り・年号は近代日本史研究家の選択を尊重して、筆者のままに表記した）

注1・後の版には『日本改造法案大綱』という。ここでは、便宜上『日本改造案原理大綱』として統一した。

注2・満川、「「赤旗」と「普選」と「ユダヤ」の恐怖」月刊『日本』大正十四年十月、七〜八頁参照。

注3・満川、「猶太民族運動の成功」『大日本』大正八年六月、三九頁

日本とユダヤ関係史年表

西暦	年号	月日	
一八九七	明治三〇		ヘルツェル、第一回シオニスト会議
一九〇四	明治三七		日露戦争勃発
一九〇四	明治三七	四月	高橋是清、ユダヤ人銀行家ヤコブ・シフと出会う
一九〇七	明治三九		徳富蘆花、パレスチナへ巡礼
一九〇八	明治四一		佐伯好郎、日ユ同祖論の趨り「太秦を論ず」を発表
一九一七	大正六	一一月	バルフォア宣言
一九一八	大正七	九月	内村鑑三、ヘブライ大学定礎を知り、論集を出す
一九一八	大正七		日本軍、シベリア出兵より「ユダヤ禍」史観始まる
一九一九	大正八	一月	パリ講和会議代表の珍田大使、シオニズム支持
一九三二	昭和七		中田重治、「聖書より見たる日本」講演
一九三三	昭和八		ナチス、ドイツの政権を取る
一九三三	昭和八		小辻節三、ヘブライ語教室を開講
一九三六	昭和一一		小辻節三、「ヒブル語原典入門」を出版
一九三七	昭和一二	一二月	第一回極東ユダヤ人大会

一九三八	昭和一三	三月	オトポール事件　樋口季一郎、ユダヤ難民の救出
一九三八	昭和一三	一二月	五相会議、「ユダヤ人対策要綱」を策定
一九三九	昭和一四	一〇月	小辻節三、満鉄顧問に就任
一九四〇	昭和一五	七月	杉原千畝、ユダヤ難民にビザ発給
一九四〇	昭和一五		小辻節三、杉原ビザの延長などで難民を救助
一九四一	昭和一六	一二月	大東亜戦争開戦
一九四三	昭和一八	二月	小辻節三、「ユダヤ民族の姿」を出版
一九四四	昭和一九		杉原、勲五等瑞宝章を叙勲される
一九四七	昭和二二	六月	杉原、帰国そして外務省退官
一九四八	昭和二三	五月	イスラエル建国独立宣言
一九五九	昭和三四	九月	小辻節三、ユダヤ教に改宗
一九六八	昭和四三		元難民のニシュリー氏が杉原を探し当てる
一九八五	昭和六〇		杉原、ヤッド・バシェム賞を授与される
一九九一	平成三		杉原家と外務省の和解、鈴木宗男議員の仲介
一九九二	平成四	三月	宮澤首相、衆議院予算委員会で杉原氏を称える
一九九四	平成六	九月	河野外相、八百津町の杉原顕彰式典にて祝辞（代読）
二〇〇〇	平成一二		杉原顕彰プレート、外務省外交資料館に掲示

あとがき

日本とユダヤの交流の歴史は短い。
二つの民族は、東と西が遠いように隔絶して、近代になるまで出会うことはなかった。古代より歴史が継続し伝統を大事に守ってきたという共通点はあるものの、お互いが辿った歩みは非常に異なっている。日本は島国で古代より独立を保って近代に至ったが、一方、ユダヤ民族は国を失って二千年以上も世界を流浪してきた。イスラエル国を再建したのはやっと第二次世界大戦後のことであった。
それにもかかわらず、日本人とユダヤ人は大いなる類似点があるというのは、まずユダヤ人から聞く言葉である。最近も駐日イスラエル大使のエリ・コーヘン氏が『大使が書いた日本人とユダヤ人』をその趣旨で綴っておられる。（親日家のコーヘン大使は任を終えて、八月に帰国される）
類似点と相違点を、歴史学者の視点からしっかりと論じたのは、ヘブライ大学のベン・アミー・シロニー教授が最初ではなかろうか。「*The Jews & the Japanese: the Successful Outsiders, 1992*（訳書は日本公法より『日本人とユダヤ人 ——成功したのけ者 異端視され、迫害されながら成功した両民族』一九九三年。絶版となり、その後、成甲書房より『ユダヤ人と日本人の不思議な関係』と再訳された）がそれである。

「日本人は、水と安全をただだと思っている」という言葉で有名な、イザヤ・ベンダサンの『日本人とユダヤ人』（一九七〇年、山本書店刊）は、実は訳者の故山本七平氏が書いたものである（月刊「みるとす」一九九八年一一月号、四一号で、山本れい子夫人が証言）。ユダヤ人について全く馴染みのない多くの日本の読者に、ユダヤ人の声という形で表現した論調は新鮮に訴えた。イザヤ・ベンダサンの本は、ユダヤ人との相違点を浮彫にさせての日本人論であろう。比較文化論の手法であって、ユダヤ人を論じたものではないと思う。

最初に類似点は指摘したのは、明治の初期に日本に来たユダヤ人の、「日ユ同祖論」だった。それは、マクロードというユダヤ人の、日本体験から空想した説から始まった。日本人は全くユダヤ民族もユダヤ文化も知らない時代だったから、失われた十部族の末裔とか、日本の皇室がユダヤ系だとかいう話は話題にも上らなかった。内容の真偽は問題だが、ただし、ユダヤ人が最初にそのような発想をしたことは、日本・ユダヤの比較文化論上注目しておいてよい。

その後、いろいろのユダヤ論が、日本人からも発信されてくるようになるが、概してユダヤ民族の特異性に着目し、中には反ユダヤ主義的な宣伝の片棒を担いで「ユダヤ禍」などを主張するものもあった。善意や悪意も含め、おおむね観念的だった。一方、ユダヤ人の側からのアプローチが常に「親日的な」類似点を強調しているのは面白い（ユダヤ人の国イスラエルの人々も、日本に好意的な表情を示してくれる）。その理由が何かは、答えられない。


筆者は「迫害」を一つのキーワードと思ったりする。

十九世紀から二十世紀のユダヤ人迫害は、歴史上、頂点に達した。しかし、明治に開国して西洋の仲間入りした日本の指導者はそれに関しては無知のようであった。日露戦争の時、銀行家ヤコブ・シフが日本の外債を買ってくれた真の理由を、当初高橋是清は知らなかったという。当時、日本人がロシアの悪名高いポグロム（ロシア語で「破滅」の意。ユダヤ人迫害の行為）について思いを致していないことが分かる。

日露戦争は随分昔のことである。しかし、それを契機に、具体的に日本とユダヤが出会ったことは忘れてはなるまい。若い世代は、日露戦争について教えられているだろうか。その意味を知れば、シフの資金援助の重さが理解できるであろう。

十九世紀末期、不凍港を求めて極東に進出する大国ロシアの脅威を、日本はどう受け止めていたのかというと、「おそろしあ」が流行語となったほど、「オロシア」の怖ろしさをひしひしと感じていた。ロシアが満州、朝鮮半島に出てくれば、日本の独立も危うくなると案じて、政府も国民も必死に自衛戦争を戦ったのである。その戦勝に深く関わったユダヤ人銀行家シフの存在は、日本のリーダー層に感謝され、記憶された。おそらく、ユダヤ人を観る「原体験」として定着したと言っても、言い過ぎではないと思う。

だが、ユダヤ人も日本に感謝していたのである。

シロニー教授は、日露戦争の影響を詳しく研究されており、日本人の視野を越えている。ユダヤ世界にも及んだことを語ってくれたI部の記事は、シオニズム運動理解に関しても貴重である。日露戦争の世界史的意義は、インドや中国、トルコなどの民族運動に影響を与えたことはよく言われるが、ユダヤ民族主義運動とも無関係でなかったのである。ユダヤ人が日本に感謝の気持ちを抱いたことは、うれしく受け止めたいと思う。

まえがきにも書いたので、繰り返し言うつもりはないが、日本という国や民族がユダヤ人迫害に加担したことがないということは誇るべき事実であった。戦前、日本政府が終始、シオニズム支持の表明をしたことは、Ⅲ部の9章「シオニズム運動と日本」で述べたとおりである。

余談になるが、むしろ、戦後のほうが、日本は経済上の利益を優先させて、つまり円滑な石油輸入を欲した故に、政府や経済界、そしてメディアまでがイスラエルに対して冷淡であり、批判的であったことは、とても残念なことだった。戦後の日本外交において、中東政策は長い間偏っていた。湾岸戦争以降、外務省の方針が転換したのか、アラブ・イスラエル双方に公平なニュートラルな立場において外交を進めつつあるのは歓迎すべきことである。


日本がユダヤ人迫害をせずに済んだのは、ユダヤ人が身近に暮らしていなかったからだと、皮肉な言い方をする人もある。あるいはそうかもしれない。しかし、反ユダヤ主義がユダヤ教という宗教的要因が遠因になっていた歴史事情を思えば、日本はユダヤ人迫害の行為に駆られる可能性は低いと思う。

危うかったのは、ドイツと同盟した戦前、戦中のある一時期の頃だろう。ナチスドイツの働きかけが猛烈にあった。確かに、反ユダヤ主義の汚染は政界や新聞報道にも及んだ。それにもかかわらず、実際面では、ナチスの影響は拒否されていた。日本に逃れてきたユダヤ難民をいかに温かく処遇したかという物語を掘り起こすことは、日本人の健全な道徳精神を思い起こす縁《よすが》となると思うのである。これはⅡ部の、別の読み方にもなろう。

樋口季一郎将軍や満鉄やＪＴＢの職員、根井三郎総領事代理、小辻節三師は、ユダヤ難民に出会ったとき、困った人を助ける義侠心が自ずと発露している。杉原千畝だけでない。その機会が与えられれば、そのような人道的行為を日本人なら当然したであろう、とすら思わされる。事実、敦賀市や神戸市の無名の庶民も同様だったことを、元難民のユダヤ人が語っている（『自由への逃亡』東京新聞出版局刊）。

本書では、代表的に、知られていない樋口ルートやラビ小辻の行動などと共に簡単に二人の生涯を紹介することと、有名な杉原ビザにも個人の英雄的美談に終わらせたくない意図で新たな視点を提供すること、などを試みた。これが本書の特長かもしれない。

本書では、戦前の軍部におけるユダヤ専門家と称された安江弘仙陸軍大佐や犬塚惟重海軍大佐については、触れなかった。理論的には反ユダヤのようであり、行動的には親ユダヤのようである。現在もユダヤ問題の識者の間で評価がゆれている。日本におけるユダヤ陰謀論というコンテキストで取り上げるテーマだと考え、別の機会に書くつもりである。

主題から逸れるかもしれないが、10章の中で、日本のキリスト教の歴史を簡潔に触れておいた。一般の方にも参考になったら、幸いだ。ユダヤ人と西洋キリスト教との関係は複雑であり、日本においてはどうなのか。クリスチャンが少数であっても、キリスト教布教の歴史が短くても、その記述は日本ユダヤ関係史を補完すると信じる。

まえがきで断ったように、本書は、隔月刊誌「みるとす」に掲載した記事の中から、日本とユダヤの関係に焦点を合わせて選択し、一冊にまとめたものである。

書き手は、ヘブライ大学のベン・アミー・シロニー教授（現在、名誉教授）と雑誌の編集者たる筆者であるが、一部は他の協力者による。7章は元編集員の多々良弘樹氏がまとめ、最後の付記はクリストファー・スピルマン氏（現・九州産業大学教授）に寄稿していただいたもの。単行本にするにあたって、ここであらためて謝辞を述べておきたい。

3章で登場していただいた滝川義人氏は、三〇年以上のイスラエル大使館勤務を終えて、現在、中東問題の研究家として活躍しておられるが、氏の洞察には類い稀なものがある。

今回、シロニー教授も本書に転載することを快く承諾していただいた。卓越した歴史家であり親日家を日本の友人として、筆者の友人として持てたことは、大いなる幸福と思う次第である。

二〇〇七年六月

河合一充

● 著者紹介

ベン・アミー・シロニー（Ben-Ami Shillony）

1937年ポーランド生まれ。歴史学者。1948年イスラエルへ移住。ヘブライ大学で歴史と哲学を専攻し卒業、1965年国際基督教大学に留学後、1967年米国プリンストン大学に留学して博士号取得。1971年よりヘブライ大学東洋学部教授となり、日本の歴史・文化を講義。トルーマン平和研究所所長を兼務。ハーバード、オックスフォードはじめ多くの大学で客員教授として教える。2007年ヘブライ大学教授を定年退職。名誉教授。2000年日本研究に貢献して勲二等瑞宝章受賞。著書に『日本の叛乱　青年将校たちと二・二六事件』（河出書房新社）、『天皇陛下の経済学』（光文社）、『誤訳される日本』（光文社）、『ユダヤ人と日本人の不思議な関係』（成甲書房）、『母なる天皇』（講談社）他論文多数。

河合一充（かわい　かずみつ）

1941年愛知県生まれ。ミルトス編集代表。1965年東京大学理学部卒業。同大学院修了後、学習院大学数学科助手。1972年ＵＣＬＡでPh.D.取得。1978年エルサレムに語学研修留学。1985年ミルトス創設に関わり、現在に至る。訳書に『タルムードの世界』、『ユダヤ人の歴史』、『死海文書の研究』、『評伝マルティン・ブーバー』ほか。

● 装丁　根本真一

日本とユダヤ　その友好の歴史

2007年7月20日　初版発行

著　者　ベン・アミー・シロニー
河　合　一　充

発行者　河　合　一　充

発行所　株式会社　ミ　ル　ト　ス

〒102-0073　東京都千代田区九段北1-10-5
九段桜ビル2F

TEL 03-3288-2200　FAX 03-3288-2225
振　替　口　座　00140-0-134058
HP: http://myrtos.co.jp　✉pub@myrtos.co.jp

印刷・製本　モリモト印刷　Printed in Japan　ISBN978-4-89586-028-4
定価はカバーに表示してあります。